第二類表題（部分・拡大）

第二類表題（全体）

東洋文庫 919

岳《がく》麓《ろく》書《しょ》院《いん》蔵《ぞう》秦《しん》簡《かん》「為《い》獄《ごく》等《とう》状《じょう》四《よん》種《しゅ》」訳注 下

裁判記録からみる
戦国末期の秦

柿沼陽平 編訳注

平凡社

装幀　原　弘

目次

上巻目次

岳麓書院蔵秦簡「為獄等状四種」訳注　下

柿沼陽平　編訳注

【凡例】

・簡上の記号「●」、「∠」、「＝」は、原文ではそのまま表記した。校訂文および訓読では「●」のみ表記し、「＝」（重文符号）は文字に直し、「∠」は削除した。

・原文には、担当者が図版と既存釈文を見比べながら、確実に看取しうると認めた文字のみをしるし、さもなくば欠字扱い（□）とするか、断簡記号（⍁）を補った。原文では極力元字に近い隷定を図り、旧漢字で入力した。

・原文の各簡末尾の数字は簡番号を表す。各案例の配列順を漢数字で表記し、そのあと（　）内に岳麓秦簡全体の清理番号を算用数字によって付した。

・簡と簡のあいだに欠簡が想定される場合には、「欠簡一」、「欠簡二」……等としるした。

・校訂文で字のように四角で囲った字は、簡上では判別がつかないが、文意により補った字を表す。

・校訂文・訓読所見の【　】で括った字は、原文では断簡部分（⍁）もしくは欠簡部分にあたり、意を以て補うべきと判断したものである。また脱文を補った際にも【　】で表記する。

・原簡上に誤字があって、校訂文において誤字を修正する場合には、まず元来の文字をしるし、その直後に〈　〉で修正後の文字をしめす。原簡上の衍字は｛　｝でくくる。

・朱漢民・陳松長主編『岳麓書院蔵秦簡（壹）』（上海辞書出版社、二〇一〇年）、同『岳麓書院蔵秦簡（貳）』（上海辞書出版社、二〇一一年）、同『岳麓書院蔵秦簡（参）』（上海辞書出版社、二〇一三年）、陳松長主編『岳麓書院蔵秦簡（肆）』（上海辞書出版社、二〇一五年）、同『岳麓書院蔵秦簡（伍）』（上海辞書出版社、二〇一七年）、同『岳麓書院蔵秦簡（陸）』（上海辞書出版社、二〇二〇年）、同『岳麓書院蔵秦簡（柒）』（上海辞書出版社、

二〇二二年）は「図版本」、陳松長主編『岳麓書院蔵秦簡（壹―参）釈文修訂本』（上海辞書出版社、二〇一八年）は「陳松長修訂本」、陶安『岳麓秦簡《為獄等状四種》釈文注釈（修訂本）』（上海古籍出版社、二〇二一年）は「陶安修訂本」とよぶ。本書では原則的に陶安修訂本を底本とした。

・朱漢民・陳松長主編『岳麓書院蔵秦簡（参）』（上海辞書出版社、二〇一三年）、つまり図版本の注は「整理小組」と表記した。既述の通り、これは本来陶安あんどの手になるものであるが、陶安修訂本の注（以下、陶安注）と区別するため、こう命名する。

・岳麓秦簡の他巻の注に言及する際は、たとえば「岳麓壹整理小組注は……」とし、頁数は示さない。他の出土文字資料の場合は、出典と頁数も示す。

・陶安修訂本には摹本部分と釈文部分の双方に注釈が付いており、本訳注では前者を〔単簡摹本注釈〕、後者を〔陶安注〕とし、全文を翻訳して掲載した。そのあとに〔案〕の形で担当者の見解を述べる。

・陶安注が案例名を引く場合、読者の利便を考え、全て「案例＋数字」に変換して翻訳した。また陶安注が他の注番号に言及している場合には、全て本訳書の注番号にあわせた。さらに陶安注所引史料の巻数・簡番号・名称に関しては、読者による参照の便を考え、適宜変更している。また陶安注中の【　】〖　〗〔　〕はすべて【　】に統一する。

・〔案〕ににおいて現代中国語の著書・論文の一部を日本語に翻訳して引用する場合には、「，」を「、」に、「、」を「・」になおす。

・通　釈では、読みやすさを考え、適宜改行し、わかりやすい日本語を目指した。また上級機関から下級機関への文章は「である」調、それ以外は「ですます」調とした。

・先行研究を引用する場合、原則的には「姓＋出版年＋頁数」とする（たとえば陶安二〇一二、一〇〇頁）。ただし同姓の研究者が多い場合には「姓名＋出版年＋頁数」とする（たとえば陳松長二〇二〇、一〇〇頁）。

・先行研究のうち、まずインターネット上で公開され、のちにそれが雑誌・書籍等に転載されたものについては、原則的に紙媒体の書誌情報をしるす。

・里耶秦簡の簡番号は『里耶秦簡牘校釈』に従い、算用数字で表記する。背面文の場合には「簡番号＋背」と表記するが、正面文の場合には「正」字を付さない。簡番号冒頭のゼロは省略する（0005→5）。

・睡虎地秦簡・張家山漢簡より引用する場合、篇名や簡番号はしるすが、「睡虎地秦簡」・「張家山漢簡」の名称は省略する。もっとも、「日書」のみは省略せず、たとえば「睡虎地秦簡「日書」乙種（第〇簡）」などとしるす。

・『史記』『漢書』『後漢書』等の巻数はすべて中華書局本による。『後漢書』の志はすべて「『続漢書』〇〇志」とよぶこととし、『続漢書』の巻数は省略する。

・出土文字資料の呼称とその出典の対応関係は次の通り。

岳麓秦簡……朱漢民・陳松長主編『岳麓書院蔵秦簡（壹）』（上海辞書出版社、二〇一〇年）、同『岳麓書院蔵秦簡（貳）』（上海辞書出版社、二〇一一年）、同『岳麓書院蔵秦簡（参）』（上海辞書出版社、二〇一三年）、陳松長主編『岳麓書院蔵秦簡（肆）』（上海辞書出版社、二〇一五年）、同『岳麓書院蔵秦簡（伍）』（上海辞書出版社、二〇一七年）、同『岳麓書院蔵秦簡（陸）』（上海辞書出版社、二〇二〇年）、同『岳麓書院蔵秦簡（柒）』（上海辞書出版社、二〇二二年）、陳松長主編『岳麓書院蔵秦簡（壹―参）釈文修訂本』（上海辞書出版社、二〇一八年）、陶安『岳麓秦簡《為獄等状四種》釈文注釈（修訂本）』（上海古籍出版社、二〇二一年）

九店楚簡……湖北省文物考古研究所・北京大学中文系編『九店楚簡』（中華書局、一九九九年）

居延漢簡……簡牘整理小組編『居延漢簡（壹～肆）』（中央研究院歴史語言研究所、二〇一四～二〇一七年）、中国社会科学院歴史研究所・中国文物研究所・甘粛省博物館・甘粛省文物考古研究所編『居延新簡　甲渠候

官』（中華書局、一九九四年）
肩水金関漢簡……甘粛簡牘保護研究中心等編『肩水金関漢簡（貳）』（中西書局、二〇一二年）
胡家草場漢簡……荊州博物館・武漢大学簡帛研究中心編著『荊州胡家草場西漢簡牘選粋』（文物出版社、二〇二一年）
上海博物館蔵戦国楚竹書……馬承源主編『上海博物館蔵戦国楚竹書（七）』（上海古籍出版社、二〇〇八年）
睡虎地秦簡……睡虎地秦墓竹簡整理小組『睡虎地秦墓竹簡』（文物出版社、一九九〇年）、陳偉主編『秦簡牘合集（壹）』（武漢大学出版社、二〇一四年）
清華大学蔵戦国簡……清華大学出土文献研究与保護中心編『清華大学蔵戦国竹簡（参）』（中西書局、二〇一二年）
張家山漢簡……張家山二四七号漢墓竹簡整理小組『張家山漢墓竹簡〔二四七号墓〕』（文物出版社、二〇〇一年）、張家山二四七号漢墓竹簡整理小組『張家山漢墓竹簡〔二四七号墓〕（釈文修訂本）』（文物出版社、二〇〇六年）、彭浩・陳偉・工藤元男主編『二年律令与奏讞書――張家山二四七号漢墓出土法律文献釈読』（上海古籍出版社、二〇〇七年）
鳳凰山九号漢墓簡……李均明・何双全編『散見簡牘合輯』（文物出版社、一九九〇年）
鳳凰山一六七号漢墓竹簡……湖北省文物考古研究所編『江陵鳳凰山西漢簡牘』（中華書局、二〇一二年）
香港中文大学文物館蔵漢簡……陳松長編著『香港中文大学文物館蔵簡牘』（香港中文大学文物館、二〇〇一年）
包山楚簡……湖北省荊沙鉄路考古隊『包山楚簡』（文物出版社、一九九一年）
馬王堆漢墓帛書……馬王堆漢墓帛書整理小組編『馬王堆漢墓帛書』（文物出版社、一九八〇～一九八五年）、裘錫圭主編『長沙馬王堆漢墓簡帛集成』（中華書局、二〇一四年）

里耶秦簡……湖南省文物考古研究所編著『里耶発掘報告』（岳麓書社出版社、二〇〇七年）、湖南省文物考古研究所編著『里耶秦簡〔壹〕』（文物出版社、二〇一二年）、湖南省文物考古研究所編著『里耶秦簡〔貳〕』（文物出版社、二〇一七年）、陳偉主編『里耶秦簡牘校釈』第一巻（武漢大学出版社、二〇一二年）、陳偉主編『里耶秦簡牘校釈』第二巻（武漢大学出版社、二〇一八年）

第二類表題（第二類案例八背面、第一三八簡背～第一四〇簡背）

石原遼平・柿沼陽平

通　釈

獄《ごく》（捜査・裁判）の請《せい》（指示を仰ぐ上行文書）を作成するための見本。

……。

乞《こつ》鞫（再審請求）についての奏（添付資料）を作成するための見本。

覆《ふく》（上級裁判）についての奏（添付資料）を作成するための見本。

原　文

爲獄訁□狀　　一三七背（0452（0）-1）

▨　　一三八背（0152（0）-2）

【欠簡数枚】

爲气鞫奏狀　　一三九背（0494）

□覆奏狀　　一四〇背（0421）

校訂文

爲獄訁□狀〔一〕。【……】〔二〕。爲气（乞）鞫奏狀〔三〕。[爲]覆奏狀〔四〕。

訓読

獄請を爲すの狀。……。乞鞫奏を爲すの狀。覆奏を[爲]すの狀。

注釈

〔一〕〔陶安注〕「爲」は『左伝』昭公元年の杜預注等で「治」とされる。「爲獄」は事件を処理すること。『史記』巻一二二酷吏杜周伝に「客有讓周曰「君爲天子決平、不循三尺法、専以人主意指爲獄。獄者固如是乎」」とある。「狀」は形狀・外觀。『玉篇』犬部に「狀、形也」、『淮南子』脩務篇「不可遯以狀」の高誘注に「狀、貌也」とある。転じて計画・容貌・模範等を意味する。『漢書』巻二四上食貨志上に「二千石遣令長、三老、力田及里父老善田者受田器、學耕種養苗狀」とある。「爲獄」等の「狀」は事件処理等の典範をさす。「爲獄訁□狀」は第二類巻冊の総標題であろう。〔案〕「為獄等狀四種」は骨董市場より購入された時点でラップに包まれており、のちに簡を一本ずつ剝がし取る作業が行われた。そして、当該作業前の簡の位置関係等を根拠に、「為獄等狀四種」は四巻冊よりなるとされ、分量の多い順に第一類〜第四類とよばれている。第一類と第二類には複数の案例が含まれ、第三類と第四類は案例を一つずつ含む。各巻冊は文字面を内側にして巻かれていたようで、第二類のみ外側に表題らしきものが三つある（以下、表題）。第二類は欠簡が多く、表題たる「爲獄訁□狀」の三文字目は一部欠損している。陶安修訂本「前言」は「爲獄訁□狀」を第二類全体の総表題とし、また全体が四巻冊よりなることから、四巻冊全体の総表題を「為獄等狀四種」とした。一方、蘇俊林は陶安説をこう批判する。すなわち、第一三七簡が第二類冒頭に位置した確証はなく、第一三七簡も他の二表題と同列の小表題だった可能性があり、第二類の小表題を以て総題とみなすことはできない、と（蘇二〇一四A、一四七～一六八頁）。また胡平生は蘇説に賛同しつつ、こうのべる。「奏狀」は上級機関に報告するための司法文書で、「爲奏若干牒」の「爲奏」は「爲奏狀」の省略である。また「爲獄訁□狀」の未釈読字は「訟」の可能性が高い。「爲獄訟狀」は「獄訟文書を製作すること」、「爲覆奏狀」は「覆獄の上呈文書を製作すること」、「爲气（乞）鞫奏狀」は「乞鞫の上呈文書を製作すること」で、どれも司法文書全体の総題にふさわしくない。よって「為獄等狀四種」は、四巻冊全体の総題としては適切でない、と（胡二〇一五、二七～三〇頁）。その後、陶安は蘇俊林説・胡平生説に反論している（陶安二〇一九C、四三五～四四四頁）。私見では、「『為獄訁□狀』及其它三種」や「『為獄訁□狀』「為覆奏狀」等六篇及其它三種」とするのが穏当と思えるが、そこに未釈読字を含む点や、冗長な点で、ぎこちなさを残す。そこで当面は、総題簡がみあたらぬ以上、小表題を便宜的に総表題とみなしてよいと考える。小表題を便宜的に活用した例は他にもあり、たとえば「守法守令等十三篇」がある。そこで本書では便宜的に「為獄等狀四種」を総題目としておく。

では結局、「爲獄訁□狀」「爲气（乞）鞫奏狀」「爲覆奏狀」はいかなる性質の文言か。そもそも第二類には案例八～一三がふくまれているが、それは各案例がまず作られ、のちに第二類として一括して再編された結果である。そして先行研究は「爲气（乞）鞫奏狀」「爲覆奏狀」を単独の案例名、もしくは初期編冊時の小題名とする。だが、それが再編集後にそのまま残っているのは不可解である。また、みな案例八の背面にまとめて書かれているのもおかしい。

〔図一〕

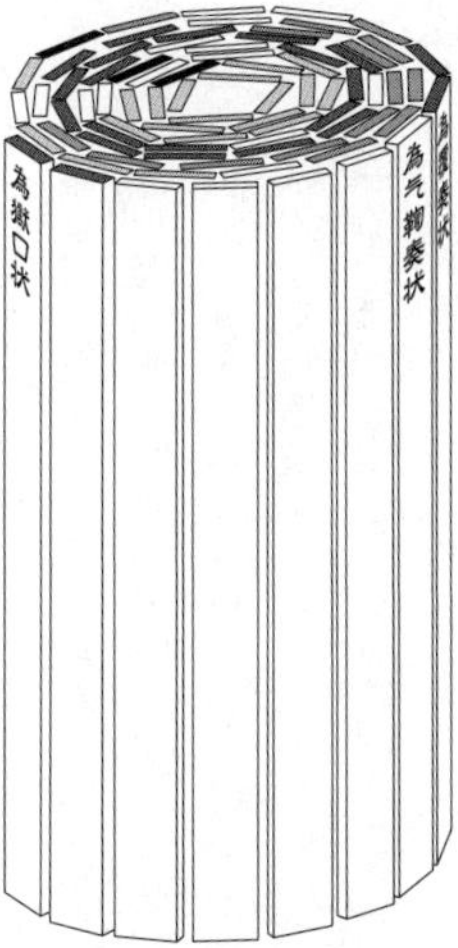

〔図二〕

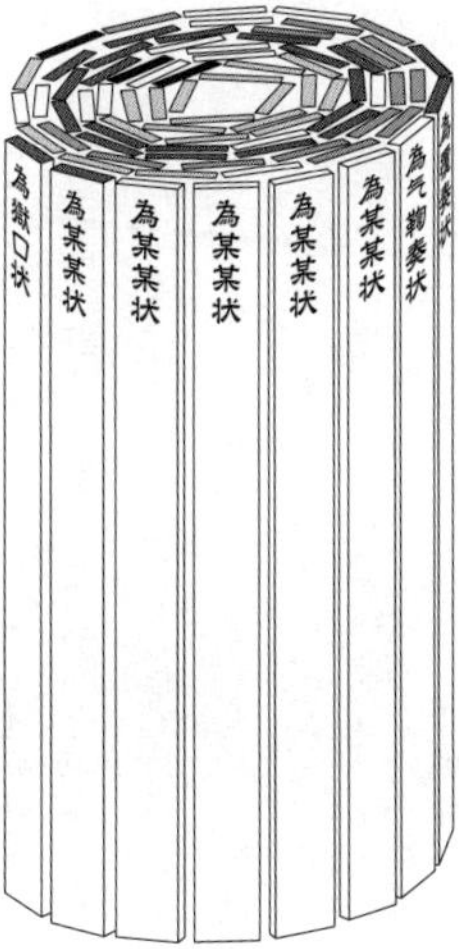

むしろ「爲气（乞）鞫奏狀」「爲覆奏狀」は第二類の冊書が作られたときに書かれたものであろう。ここで巻冊状態を想像すると、案例八注一の陶安注によれば、第一三七簡と第一三八簡は撮影時に第一四七簡の背面に貼り付いていた可能性が高く、第一三八簡と第一三九簡の間には少なくとも四枚の欠簡があり、ゆえに巻冊は図一のようになる。欠簡背面は従来無文字と想定されてきた。だが、じつは欠簡背面にも表題があり（図二）、それらは巻冊時に中身を確認するためのインデックスの類だったのではないか。およそ日々の業務で官吏が例文集をみるのは、通常と異なる状況が生じたときであり、そのとき「乞鞫で迷ったらこれをみよ」のごときインデックスがあれば、例文に素早くアクセスできる。たとえば案例一一は、二度にわたる「气（乞）鞫」時の見本で、案例一二は「覆」の様々な状況に対応可能な見本である。「爲獄訁□狀」も同様に、「獄訁□」文書を作るための「狀（手本）」であろう。岳麓秦簡「秦律令（貳）」（第一一二～一八五簡）に「●制曰、吏上請・對・奏者、皆傅牒牘數。節（即）不具而郤、復上者、令其牒牘毋與前同數。以爲恒。●廷卒乙」とあり、吏の上行文書に「對」「請」「奏」の別がある点をふまえれば、「爲獄訁□狀」の三文字目は「請」であろう。「獄請」とは『漢書』巻一高帝紀下「令郎中有罪耐以上、請之」の耐以上の犯罪時に必要な「請」である。つまり「爲獄訁□狀」も第二類の総表題でなく、各案例のインデックスであろう。

〔二二〕【案】注一で述べた通り、前後の簡背面にインデックスがあるため、第一三八簡上部にもあった可能性がある。また本案例注一陶安注の指摘通り、第一三八～一三九簡の間には少なくとも欠簡四枚が想定され、これらにもインデックスがあった可能性がある。

〔三〕【単簡摹本注釈】第一三九簡（清理番号494）はねじれて変形し、元の図版の正面・背面はともに一部のみしか撮影されていない。図版本カラー図版はすでに原状が復元できない状態で、赤外線図版では画像処理によって正・背両面の図版からわずかに原状を復元している。摹本の字は復元図版による。【陶安注】「乞鞫」は取り調べ・究明を乞うこと、つまり再審を申請すること。「法律答問」（第一一五簡）に「以乞鞫及爲人乞鞫者、獄已斷乃聽、且未斷猶聽殹（也）。獄斷乃聽之」、「二年律令」（第一一四簡）に「罪人獄已決、自以罪不當、欲气（乞）鞫者、許之。气（乞）鞫不審、駕（加）罪一等」とある。「奏」は上への進言・報告。『説文』夲部に「奏、奏進也」、『書』舜典「敷奏以言」の孔伝に「奏、進也」、「語書」（第一三簡）に「其畫最多者、當居曹奏令、丞」とある。秦代の文書用語では、「奏」はもっぱら進言文書に添付された文字資料をさす。「奏讞書」（第六八簡）に「上奏七牒、謁以聞」とある。「爲奏」は進言報告業務を行うこと。「爲」の字訓は「治」で、「爲覆」「爲獄」等と同様。秦代の文書用語ではもっぱら進言文書に添付された文字資料を作成することをさす。「奏讞書」（第九八簡）に「爲奉（奏）當十五牒、上、謁請」、同（第二二七～二二八簡）に「令曰、獄史能得微難獄、上。今獄史舉闟得微難獄、爲奏廿二牒、……謁以補卒史」とある。「爲乞鞫奏狀」はおそらく単独の案件で保管されていた時、もしくは初期の巻冊を編纂した時の標題である。〔案〕「爲奏」は上申文書に添付された文字資料の作成（前掲陶安注）のこと。だが「乞鞫」は「奏」と同列に併記された行政行為でなく、「奏」の内容を示したものであろう。「爲气（乞）鞫奏狀」とは乞鞫に関する添付資料を作成する手本。獄に関する奏（添付資料）については岳麓秦簡「秦律令（壹）」（第一一三～一一五簡）に「其獄奏殹（也）、各約爲鞫審、具傳其律令、令各與其當比編而署律令下曰、以此當某某、及具署辠人毄（繫）不毄（繫）。雖同編者、必章之、令可別報、縈郤殹（也）。……」とある。「為獄等狀四種」所収の各案例所見の鞫審・律令・繫等は獄奏規定によるとわかる。

〔四〕〔単簡摹本注釈〕第一四〇簡（清理番号421）背面（カラー写真）は撮影されていない。図版本のカラー図版は赤外線図版によって補った。摹本も赤外線図版のみによる。〔陶安注〕「覆」は徹底的に究明すること、多くは郡吏や朝廷使者の訊問や審理をさす。県吏の審理した案件に対する再審も含まれる。『爾雅』釈詁下に「覆、審也」、『考工記』弓人篇の鄭玄注に「覆、猶察也」、『漢書』巻二三江都易王劉非伝に「漢廷使者即復來覆我、我決不獨死」、「二年律令」（第一一三簡）に「治獄者、各以其告劾治之。敢放訊杜雅、求其它罪、及人毋（無）告劾而擅覆治之、皆以鞫獄故不直論」、「奏讞書」（第七八簡）に「（淮陽守偃劾曰）其謙（廉）求捕其賊、復（覆）其姦詐（詐）及智（知）縱不捕賊者」、同上（第九九簡）に「覆視其故獄」

とある。「爲覆奏狀」は、案例の単独保管時か、初期の巻冊編纂時の標題であろう。〔案〕本案例注一でのべたように、本訳注では「爲……狀」をインデックスの類と考える。

案例八　詳細不明の殺人事件
（第二類第一三七簡〜第一四一簡）

石原遼平・三浦雄城

通釈

●（秦王政一一年〈前二三六年〉）一〇月二三日、佐の競は「士伍の譊が市場の中の宿泊施設で人を切りつけ……」と述べました。

……妾の妘は「譊は宗に飲み物を提供し、妘は逃亡し……」と述べました。

「……□䍃は立ち上がることができず、怒り、刀で切りつけ、刀を棄て……」と。

捕縛することができませんでした。

見分・確認・審理したところ、「譊が切りつけたことは明白です。妘が殺したことには疑問があります」とのことでした。

●（秦王政一〇年〈前二三七年〉）九月一五日、丞の相と史の如は論罪し、妘に贖舂《しょくしょう》の罰を科しました。倉人……。

（秦王政一〇年）九月五日、隷臣の哀が隷臣の喜を連行し、盗殺人を告発しました。

（関係部署に）確認したところ、「喜の供述は告発内容と合う」と返答がありました。

●審理したところ、明白でした。

（秦王政一〇年九月）二八日、丞の相と史の如は論罪して……磔《たく》刑に……

原　文

●十月癸酉佐競曰士五譊刑人?市舍　□〼　一三七（0452(0)-1）
〼□妾妘曰譊歓宗妘亡〼　一三八（0452(0)-2）
〼□□䍃不可起怒以刀刑?棄刀〼　一三九（0494）
?不得診問鞫譊刑審妘殺疑●九月丙寅丞相史如論令妘贖舂倉人〼　一四〇（0421）
九月丙辰隷臣哀詣隷臣喜告盜殺人∠問喜辤如告●鞫審己卯丞相史如論磔〼　一四一（0455）

校訂文

●十月癸酉〔一〕、佐競曰、「士五（伍）譊刑人?市舍□【……】」〔二〕。【……】□妾妘曰〔三〕、「譊歓（飲）宗、妘亡【……】」。「【□】□□䍃不可起、怒、以刀刑?、棄刀【……】」〔四〕。?不得。診・問・鞫、「譊刑審、妘殺疑」。●九月丙寅〔五〕、丞相・史如論、令妘贖舂〔六〕。倉人【……】〔七〕。九月丙辰〔八〕、隷臣哀詣隷臣喜、告盜殺人。問、「喜辤（辭）如告」。●鞫、審。己卯〔九〕、丞相・史如論磔〔一〇〕【……】。

訓　読

●十月癸酉、佐の競曰く、「士伍の譊は人を市舍に刑し……【……】」と。【……】……妾の妘曰く、「譊は宗に飲ましめ、妘は亡げ【……】」と。「【……】……□䍃起つべからず、怒り、刀を以て刑し、刀を棄て【……】」と。得ず。診・問・鞫するに、「譊の刑するは審なり。妘の殺すは疑わし」と。●九月丙寅、丞の相・史の如、論じて、妘をして贖春とせしむ。倉人【……】。●九月丙辰、隷臣の哀、隷臣の喜を詣《いた》し、盗殺人を告ぐ。問するに、「喜の辭は告の如し」と。●鞫するに、審らかなり。己卯、丞の相・史の如、論じて磔【……】。

注釈

〔一〕〔陶安注〕本案例は五枚の簡のみ収め、欠損が非常に多いため、案例の全貌復元は不可能である。うち第一三七・一三八・一四〇簡は「譊」「妘」という人名によって直接繋げうる。また第一三八簡所載の事件の内容は第一三九・一四〇簡所見の状況とよく似ており、本巻冊［第二類――石原補］所収の他の案例とは関連がない。よってこの四簡は同一の案例だと確認できよう。第一四一簡については、記載内容が第一三七簡から第一四〇簡までと密接には関連せず、「相」「如」という官吏の名と簡が摘出された位置によってここに配列した。これは案例中に引用された判例と考えられるが、別の独立した案例の可能性も排除できない。第一四一簡所載の内容と他の全案例との関連性が皆無なためである。ゆえに暫定的に本案例に帰属させ、後考をまつ。

本案例の全簡はみな直接連続させて読むことができない。多数の欠簡がある可能性があるが、簡数確定は困難である。簡の配列についてはおもに記載内容による。第一三七簡には「佐競」の摘発行為が記載されているため、案例冒頭であろう。第一四〇簡には「丞相」と「史如」の論断が記載されているため、案例末尾に位置すると考えられる。第一三八簡には関連する人物の供述が記載されており、第一三九簡は供述やその他の叙述の断片であるため、中間に位置するのだろう。また旧著［図版本――石原補］では第一三七簡と第一三八簡の清理番号を「0448-1」「0448-2」と誤記したが、陶安『岳麓秦簡復原研究』の検討によれば、清理番号は「0452(0)-1」「0452(0)-2」に改めるべきだろう。第一三七簡の一枚、もしくは第一三七および一三八簡の二枚はもともと第一四七簡（0452）背面に貼り付いていた可能性が高く、撮影時に剥離されたのであろう。上述に大過なければ、第一三七簡と第一四〇簡の間には少なくとも四簡が欠けている（附録一〈第二類巻冊結構表〉参照）。「●十月癸酉」はおそらく秦王政二年（前二四五年）一〇月一日。第一四〇簡には「九月丙寅」とある。嬴政の在位期間中、同一年内に一〇月癸酉と九月丙寅があるのは二年と二八年（前二一九年）だけである。第二類巻冊で暦日が確定できるのは第一五〇簡の「（秦王政）六年（前二四一年）十一月己未（＝一〇日）」だけである。他には第一六八簡に「五年」があり、第一七五簡に「元年」がある。本巻冊所収の案例の年代は秦王政初期に集中しているようである。すると第二類巻冊の案例の順序は年代順ではないようであり、第一類が時代順で新しいものから配されているのとは異なる。もちろん現段階では本案例が秦始皇二八年のものの可能性も排除できない。二年であれ二八年であれ、一〇月と九月はそれぞれ癸酉朔と戊戌朔ゆえ、癸酉と丙寅はそれぞれ一日と二九日である。〔案〕本案例には年が一つも書かれていないため、何年の案例かは月と干支等から推測するしかない。確かに陶安の指摘する通り、一〇月癸酉と九月丙寅が同一年内にみえるのは二年と二八年だけだが、この日付の他にも第一四一簡には九月丙辰・九月己卯とあり、これら四つの日付を全て含む年は存在しない。このことから本案例は複数年にわたるものであることがわかる。本案例は欠簡が多いため、文書構造の復元が困難で、簡配列は確実でない。そのため、どの月が同一年であるかについてはいくつかのパターンがあり得る。陶安注のように九月丙寅と一〇月癸酉を同一年とすると、当時は一〇月が年始なので、両者は同年の年初の月と年末の月となり、佐の競が年始に告発を行ってから年末にやっと妘の判決が出たことになる。また、第一四一簡の九月丙辰と九月己卯については、第一四〇簡の九月丙寅を二年九月とした場合は五年九月、九月丙寅を二八年九月とした場合は三〇年九月のこととなり、最短でも妘の判決が出てから二年後のこととなる。よって、佐の競の告発があってから三〜四年越しの案件ということになる。陶安氏の案をもとに日付のあるイベントを時系列に並べれば次のようになる。

二年（二八年）一〇月一日：佐の競の供述。
二年（二八年）九月二九日：妘を贖春とする判決。
五年（三〇年）九月六日：隷臣の哀が隷臣の喜を告発。
五年（三〇年）九月二九日：隷臣の喜を磔とする判決。

一方、第一三七簡の一〇月癸酉のみを三つの九月の日付の次年と考えれば、全日付が二ヵ月以内の短期間におさまる。士伍の譊の案件と隷臣の喜の案件が丞の相・史の如によって裁かれていること、数年前の事件であることを示唆する語が見えないこと、年号が一つも記されていないことを勘案すれば、数年越しとするよりも、二ヵ月間のことである蓋然性が高いであろう。九月丙寅の次年の一〇月癸酉、つまり次月の一〇月癸酉とすれば、次年に一〇月癸酉が存在し、九月丙寅を含む年は二年、一〇年、一七年、二〇年、二七年、二八年、三一年、三四年がある。このうち、さらに九月丙辰・九月己卯も含むのは一〇年のみである。よって一〇月癸酉・九月丙寅・九月丙辰・九月己卯はそれぞれ、秦王政一〇年九月壬子朔丙寅（一五日）、丙辰（五日）、己卯（二八日）、秦王政一一年一〇月辛亥朔癸酉（二三日）となるであろう。本案例を一〇～一一年のものとすれば、時期の近い案例が新しい案例から順に並んでいるという第一類巻冊の配列基準が第二類巻冊にも概ね確認できることとなる。この案に基づいて日付のあるイベントを時系列に並べれば次のようになる。

一〇年九月五日：隷臣の哀が隷臣の喜を告発。
一〇年九月一五日：妘を贖春とする判決。
一〇年九月二八日：隷臣の喜を磔とする判決。
一一年一〇月二三日：佐の競の供述。

佐の競の供述は冒頭部分しか残っていないため、士伍の譊の刃傷沙汰の告発のように見えるが、佐の競が証言したのは丞の相・史の如が二つの事件ですでに判決を出した後のことゆえ、譊・喜の事件自体の告発ではなかろう。おそらく丞の相・史の如の一連の判決に関する告発であったのではなかろうか。

〔二〕〔単簡摹本注釈〕第一三七簡（清理番号0452(0)-1）正面は写真の撮りこぼしがある。旧著〔図版本――石原補〕のカラー図版は赤外線図版により補って作成した。摹本もまた赤外線図版のみによって作成した。〔陶安注〕「譊」字は欠けている。言偏は上部の二本の横画末端が残るのみだが、第一四〇簡の簡文によって補った。「市舍」は市場の中の宿泊施設。『後漢書』巻五六陳球伝に「宦者積怨竇氏、遂以衣車載后尸、置城南市舍數日」とある。

〔三〕〔案〕陶安あんどは、残留の画筆及び文脈からすれば、「妾」の上の未釈字は、「人」字ではないかと推測し、人妾は私的な隷属民で、男性の「人臣」に対して女性を指す語だとする（陶安あんど二〇二〇、一六三頁）。

〔四〕〔単簡摹本注釈〕第一三九簡（清理番号0494）はねじれて変形し、原図版の正面と背面は一部しか撮影されていない。旧著［図版本――石原補］でカラー図版はすでに原状復元が不可能だったが、赤外線図版は正・背両面の画像から画像処理によって可能な限り原状を復元した。摹本の文字は復元画像による。

〔五〕〔陶安注〕「九月丙寅」は秦王政二年か秦始皇二八年九月二九日。本案例注二参照。〔案〕おそらく冒頭の「十月癸酉」より前の出来事で、秦王政一〇年九月一五日であろう。本案例注二参照。

〔六〕〔陶安注〕「贖舂」は秦・漢初律の贖刑の一つ。案例一注二五参照。「舂」は軽重をしめす。「二年律令」（第一一九簡）に「贖死、金二斤八兩。贖城旦舂・鬼薪白粲、金一斤八兩。贖斬・府（腐）、金一斤四兩。贖劓・黥、金一斤。贖耐、金十二兩。贖䙴（遷）、金八兩」とある。これまでは贖城旦と贖舂は漢律にしか確認できず、本簡は秦での初めての例となる。岳麓秦簡「秦律令（貳）」第一七二簡にも一例見える。一説に、贖城旦舂の出現は遅いため、本簡の贖舂という刑は本案例の時代が遅めで、始皇帝統一以後であって秦王政初期ではないことを暗示しているという。

〔七〕〔単簡摹本注釈〕第一四〇簡（清理番号0421）の背面は写真の撮りこぼしがある。旧著［図版本――石原補］のカラー図版は赤外線図版により補って作成したものである。摹本もまた赤外線図版のみによって作成した。

〔八〕【陶安注】「九月丙辰」は現段階で未詳。文書作業の通例を考慮すれば、本簡の後文「己卯」は「九月己卯」をさすのであろう。嬴政の在位期間中、九月に丙辰と己卯がともにあるのは、五年・一〇年・二〇年・三〇年・三一年。朔日はそれぞれ辛亥・壬子・甲寅・丙辰・庚戌。丙辰・己卯はそれぞれ六日・五日・三日・一日・七日・二九日・二八日・二六日・二四日・三〇日にあたる。【案】秦王政一〇年九月五日であろう。本案例注二参照。

〔九〕【陶安注】「己卯」は本案例注八参照。【案】秦王政一〇年九月二八日であろう。本案例注二参照。

〔一〇〕【陶安注】「磔」は死刑の一種。盗殺人や劫人などの重大な罪に用いられる。通常の死刑である「腰斬」「棄市」の加重方式と思われるが、執行方法は未詳。「法律答問」（第六七簡）に「甲謀遣乙盗殺人、受分十錢、問乙高未盈六尺、甲可（何）論。當磔」とあり、「二年律令」盗律（第六八簡）に「劫人、謀劫人求錢財、雖未得若未劫、皆磔之。罪其妻子、以爲城旦舂」とあり、「二年律令」盗律（第六五～六六簡）にも見える（案例一注五参照）。『荀子』宥坐篇「呉子胥不磔姑蘇東門外乎」の楊倞注に「磔、車裂也」とあり、『漢書』巻五景帝紀「改磔曰棄市、勿復磔」の顔師古注に「磔、謂張其尸也」とある。【案】「丞相・史如」について土口史記は、里耶秦簡（16-886）に「鄞覆衣用丞相叚（假）史產治所」とあることから秦代の丞相史が地方の県に派遣されて覆獄を行うことがあったとし、本案例（第一四〇簡）を「丞相史如」と解し、丞相史の如が旧楚地の県の獄を裁いたものと見る（土口二〇一八、八二頁）。「丞相・史如」と解した場合、丞・史の所属する県名が示されないのは他の文例と異なるためである（土口二〇二一、三九〇～三九一頁）。ここではひとまず陶安注に従って「丞相・史如」と解しておく。

案例九　凄腕獄史の推薦状

（第二類第一四二簡〜第一四九簡、第一五六簡）

海老根量介

通釈

……大女子の嬰等が告発して言うには、「棄婦の母憂がその田中の家屋で縛られて死んでおり、衣服がなくなっていました」。
●獄史の洋に命じて……人、日夜櫟陽《やくよう》や他の県を実地で捜索し、五日で……を聞く……同……の状況、および居住・日常生活の場所や接触したり逗留したりする場所の人々に情報を探って訊問したところ、合致しました。
●同が言うには、「(同は)他国から帰順した者です。雇われて労働する期間がまだ終了せず、人に雇われて、水草を取り除く仕事をしています」ということです。
●同に帰順の状況や邑里の居住・生活の状況を情報を探って訊問したところ、(同は発言内容を)改めて、「隷臣であり、帰順者ではありません」と言いました。
●同を訊問しました。「帰順者ではないのに、どうして(偽ったのか)」。同が言うには、「吏僕であるのに、ひそかに人に雇われていたので、官吏が同を拘留して立件し……することを恐れ……」ということです。……および接触したり逗留したりする場所については、虚偽のようです。……
同を情報を探って訊問しました。「同の答えが一つのことを言っていないのは、まさか罪に問われることがないと考えているのか」。同が言うには、「罪に問われるようなことはありません、聞かれていることが分かりません」ということです。

●再び同を情報を探って訊問しました。「同は吏僕であり、人々が同を見かけると、巫が同に付き従っているので、恐れて同を捕えたがらない……」。同が言うには、「……櫟陽の東の田中の家屋で……、衣服を売り、酒や肉を買い、顕とともに高陵の市で飲食し……」ということです。

顕の供述は同の通りです。

●不当に得た利益は……に相当し……損なわれてしまい、洋は同・顕を捕えることができませんでした。同・顕は大きな害をもたらすものです。すでに同・顕を磔刑に論罪しました。

●申し上げます。令には、「獄史が手がかりが乏しく解決が難しい事案を解決できれば、上奏せよ」とあります。今、獄史の洋は手がかりが乏しく解決が難しい事案を解決し、……奏を九枚作成し、上奏いたします。これは民衆に大害をもたらすものです。物証がなく、解決は難しい（事案でした）。洋は智慧を絞って検討偵察を執り行い、実地での捜索を進めてこれを解決しました。洋は清廉潔白で、職務に支障をきたさない能力を備え、誠実で実直です。仕事ぶりは、心づかいが公平で正しく礼儀をわきまえています。功労経歴や年齢は法律の基準に合致しています。綏は（洋を）保証して郡の卒史に補任《ほにん》し、他の官吏の模範とし、盗賊が起こらないようにすることをお願いいたします。以上申し上げます。

原文

⧄大女子嬰等告曰棄婦毋憂縛死其田舍衣襦亡●令獄史洋□⧄　一四二（0320）

⧄人日夜謙求櫟陽及它縣五日聞⧄　一五六（残353）

狀及譖訊居處薄宿所讎●同曰歸義就日未盡爲人庸除芝●譖訊同歸義狀及邑里居處狀攺曰隸臣
非歸義　一四三（1824＋残340）

⧄訊同非歸義可故同曰爲吏僕內爲人庸恐吏毄辟同□□⧄　⧄□□□□⧄　⧄□□□□□□
及薄宿類詑　一四四（1834＋1817）

欠簡一一

□譖謂同＝和不道一吏者而言毋坐毆同曰毋坐毆不智所問?●復譖謂同＝爲吏人見同巫從同畏不
敢捕同而⧄　一四五（1816+C7.1-1-2）

⧄□陽東田舍買衣買酒肉與顯歓食高陵市⧄　⧄?言如同●臧直⧄　一四六（1845+0462-1）

敗傷洋毋得同＝顯＝　大害毆已論磔同顯●敢言之　令曰獄史能得微難獄⧄　⧄得微難獄
⧄　一四七（0452＋残385）

爲奏九牒上此黔首大害毆毋徵物難得洋以智治訮詷謙求而得之洋精絜毋害敦慤守吏心平□□勞
年　一四八（0643＋C1-4-6）

中令綏任謁以補卒史勸它吏卑盗賊不發敢言之

校訂文

【……】[一]大女子嬰等告曰、「棄婦毋憂縛死其田舎[二]、衣襦亡[三]」。●令獄史洋□[四]【……】【……】人、日夜謙（廉）求櫟陽及它縣[五]、五日聞【……同……】[六]狀、及譖（潛）訊居處・薄宿所、讎[七]。●同曰、「歸義。就〈就—僦〉日未盡、爲人庸（傭）[八]、除芝[九]」。●譖（潛）訊同歸義狀及邑里居處狀[一〇]、攺（改）曰[一一]、「隸臣、非歸義」。【●?】訊同[一二]、「非歸義、可（何）故[一三]」。同曰、「爲吏僕[一四]、內爲人庸（傭）[一五]、恐吏毄（繫）辟同□□[一六]【……】」。……】□□□□[一七]【……】□□□□□□□及薄宿、類詑。【……】[一八]□譖（潛）謂同、「同和不道一吏（事）者[一九]、而言（意）毋（無）坐毆（也）[二〇]」。同曰、「毋（無）坐毆（也）、不智（知）所問?」。●復譖（潛）謂同、「同爲吏【僕】[二一]、人見同、巫從同、畏不敢捕同[二二]而【□□】【……】」。同曰、「……】櫟陽東田舎[二三]、買（賣）衣、買酒肉[二四]、與顯歙（飲）食高陵市[二五]【……】」。【顯】?言如同[二六]。●臧（贓）直（値）【……】敗傷、洋毋（無）得同・顯。同・顯大害毆（也）[二七]。巳（已）論磔同・顯。●敢言之。令曰[二八]、「獄史能得微難獄、【上[二九]」。今獄史洋】得微難獄[三〇]、【……】爲奏九牒[三一]、上。此黔首大害毆（也）[三二]。毋（無）徵物[三三]、難得。洋以智治訮（研）詗[三四]、謙（廉）求而得之[三五]。洋精（清）絜（潔）、毋（無）害[三六]、敦轂（慤）[三七]。守吏（事）[三八]、心平端禮。勞・年中令〔三九〕。綏任謁以補卒史〔四〇〕、勸它吏、卑（俾）盜賊不發。敢言之〔四一〕。

訓読

【……】大女子の嬰等告して曰く、「棄婦の毋憂縛られて其の田舍に死し、衣襦亡す」と。●獄史の洋をして□【……】【……】人、日夜櫟陽及び它縣を廉求し、五日にして【……】を聞く【……同……】狀、及び居處・薄宿する所を潛訊するに、讎す。●同曰く、「歸義なり。僦日未だ盡きず、人の傭と爲り、芝を除す」と。●同に歸義の狀及び邑里の居處の狀を潛訊するに、改めて曰く、「隸臣なり、歸義に非ず」と。【●】同を訊す、「歸義に非ざれば、何故ぞ」と。同曰く、「吏僕爲るに、内《ひそ》かに人の傭と爲れば、吏の同を繫ぎて辟し□□【……】を恐れ【……」と。……】□□□□【……】□□□□□□□及び薄宿は、詑に類す。【……】□同に潛謂す、「同の和は一事を道《い》わざるは、而して坐する無しと意《おも》うか」と。同曰く、「坐する無きなり、問う所を知らず」と。●復た同に潛謂す、「同は吏【僕】爲り、人同を見るに、巫同に從えば、畏れて敢えて同を捕えずして【□□】【……」と。同曰く、「……】櫟陽の東の田舍【に……し】、衣を賣り、酒肉を買い、顯と高陵の市に飲食し【……」と。顯の】言は同の如し。●贓は【……】に値し【……】敗傷し、洋は同・顯を得《とら》うる無し。同・顯は大害なり。已に同・顯を磔するを論ず。●敢えて之を言う。令に曰く、「獄史能く微難の獄を得ば、【上せ】」と。今獄史の洋】微難の獄を得、【……】奏九牒を爲りて、上す。此れ黔首の大害なり。徵物無く、得難し。洋は智を以て研詗を治し、廉求して之を得たり。洋は淸潔、無害、敦愨なり。事を守るに、心平端禮たり。勞・年は令に中たる。綏任じて以て卒史に補し、它の吏に勸め、盜賊をして發せざらしめんことを謁む。敢えて之を言う。

注釈

〔一〕〔陶安注〕文書形式から判断すると、簡冒頭の欠文は告発行為の月日もしくは年月日であり、第一三七簡と第一五〇簡と比較できる。欠落部分の大きさから推測するに、ここにはわずかに日月の四字か五字しか入らないので、「告発の月日」であろう。〔案〕図版本は「【□□□】」とし、三字分の欠字を想定していたが、陶安は案例八（第一三七簡）「●十月癸酉、佐競曰、……」および案例一〇（第一五〇簡）「六年十一月己未、私屬喜曰、……」と比較し、文書形式と残欠部分の大きさから、本簡冒頭には告発の月日が書かれていたと推定する。告発月日は四字か五字か確定できないので、釈文も「【……】」と改めたという（陶安二〇二〇B、二六八頁）。

〔二〕〔陶安注〕「棄婦」は、「棄妻」と同じではないか。すなわち休妻、夫に棄てられた妻をさす。「田舍」は、田中の家屋。『史記』巻九一黥布列伝に「番陽人殺布茲鄉民田舍、遂滅黥布」とある。〔案〕「秦律十八種」(第一二簡)に「百姓居田舍者毋敢醢(酤)酉(酒)、田嗇夫・部佐謹禁御之、有不從令者有辠(罪)。田律」とあることから、「田舍」は田中で農作業などのために一時的に滞在する小屋のようなものではなく、民がある程度恒常的に居住する家屋と思しい。一方、「封診式」(第六〇～六一簡)には「男子死所到某亭百歩、到某里士五(伍)丙田舍二百歩」とあり、士伍の丙は某里に居住しながら「田舍」も所有していたようである。ところで、『漢書』巻二四食貨志上「六尺爲歩、歩百爲晦、晦百爲夫、夫三爲屋、屋三爲井、井方一里、是爲九夫。八家共之、各受私田百晦、公田十晦、是爲八百八十晦、餘二十晦以爲廬舍」、顔師古注「廬、田中屋也。春夏居之、秋冬則去」によれば、民が農作業のため春・夏の間だけ居住する家屋として「廬舍」が見られる(案例三注二六参照)。「田舍」もこれと同様の性質の家屋であろう。なお夏增民等は棄婦の毋憂が自分の「田舍」で被害に遭っていることから、棄妻は戸主になり自身の独立した田宅を持つことができたとする(夏・陳二〇一九、二一頁)。

〔三〕〔案〕案例一〇(第一五二簡)では「銜曰、「宜・安有布衣・帬(裙)襦・絝・履、皆亡不得」」とあり、死人の衣服が「布衣」(布の上着)・「裙襦」(肌着)・「絝」(ズボン)・「履」(くつ)に分けて表されている。これに基づけば、「衣襦」は「衣」(上着)・「襦」(肌着)をさし、毋憂は上半身の衣服のみ失われ、下半身は着衣があったとも考えられる。だがおそらくここではそこまで厳密な用法ではなく、「衣襦亡」は衣服が全てなくなっていたことを表しているのであろう。

〔四〕〔陶安注〕「氵□」字は右旁が欠け、左旁は「水」に従い、第一四七・一四八簡の「洋」と同一人物か。簡末の未釈字は辵旁に従っているように見える。〔案〕「氵□」字については、「洋」の可能性が高いと思われるので、直接「洋」に隷定した。

〔五〕〔陶安注〕「櫟陽」は、秦の県名で、『漢書』巻二八地理志上に見え、内史に属し、今の陝西省西安市東北を治所とする。秦の献公が雍からここに遷都した。〔案〕「謙（廉）求」については本案例注三五を参照。

〔六〕〔陶安注〕第一五六簡は案例一〇からここに移した。詳しくは陶安「岳麓書院秦簡《為獄等状四種》第二類巻冊案例八至案例十一釈文・注釈及編聯商権」を参照。〔案〕整理小組は簡文の内容から判断すると第一四二簡の後ろに欠簡があるかもしれないと述べていた。陶安は第一五六簡の移動について以下のように説明している。案例一〇の中でも第一五三簡と第一五六簡はともに獄史による連日の県を跨いだ捜索活動を記し、内容が重複する嫌いがあったが、案例一〇の排列を変更して図版本が第一五六簡を配置していた箇所に第一五三簡を移動させた結果、第一五六簡の置き場所がなくなってしまった。一方、本案例は案例一〇と類似した構造を持っているが、獄史による連日の県を跨いだ捜索活動の記述は欠けている。そこで本案例の中で第一五六簡の配置を探してみると、第一四二簡と第一四三簡の間に置くと文脈が通りやすい。巻冊の構造からすると、第一四〇簡から第一四五簡の間は竹簡が詰まっており、新たに簡を追加する余裕はなさそうだが、簡の長さと文脈を考慮すると中間の残欠部を挟んで第一四二簡と第一五六簡が接続すると考えることは難しく、疑問は残るがしばらく第一四二簡→第一五六簡→第一四三簡の順に単独簡として並んでいたと考えておく（陶安二〇二〇B、二八五～二八六頁）。

〔七〕〔**陶安注**〕「潛」は、探測する・探索する。『爾雅』釈言篇に「潛、測也」、王引之『経義述聞』爾雅中に「『莊子』田子方曰「上闚青天、下潛黃泉」、是潛爲測也」とある。「訊」は、『説文』言部は「問」と訓じ、訊問する・追究すること。「潛訊」は、情報を探索するために訊問する、ある方面の情報を聞き込みすることをさす。「奏讞書」（第一五三簡）に「乃以智巧令脩（攸）誘召取（聚）城中、譖（潛）訊傅先後以別、捕毄（繫）戰北者」とあり、赤外線研究班の注［彭・陳・工藤二〇〇七――海老根補］は「譖（潛）」を「ひそかにの意味」としているが、不適切であろう。後文の第一四五簡「譖（潛）謂同」、第一五四簡「觸等盡別譖（潛）訊安旁田人」は、全て「潛」が「ひそかに」ではない明証である。「居處・薄宿所」は、「居處所」と「薄宿所」である。「居處所」は、居住および日常生活の場所。「薄」は、間近に迫る、接近することではないか。『左伝』僖公二三年に「曹共公聞其駢脅、欲觀其裸。浴、薄而觀之」」、杜預注に「薄、迫也」とある。「奏讞書」（第二〇六〜二〇七簡）には「偏視其爲謂・郎薄出入・所以爲衣食者、謙（廉）問其居處之狀、弗得」（原釈文の句読には誤りがあるようで、本簡簡文により改めた）とある。「薄宿所」とは、臨時に近づいたり臨時に逗留したりする場所である。洋等は上述の四種類の場所の人々を訊問し、関連する状況を把握した。〔案〕「譖訊」については解釈が分かれている。まず「譖」を「潛」に読み替える説では、①「ひそかに」（彭・陳・工藤二〇〇七、三六九頁）、②「探索する」（陶安注）、③「深く追究する」（岳麓伍整理小組注、七五頁）といった意見がある。また「譖」のままで読み、④「譖訊」とは官吏が現場で訊問することで、官署での訊問とは異なる（陳松長二〇一八B、一五八頁）、⑤「起訴する」（陳偉武二〇一九、一二五〜一二六頁）、⑥「譖」は「訴」・「告」と同義で、「譖訊」は文脈により「訴えて訊問する」・「知らせて尋ねる」というようにニュアンスが変化するとみる説もある（陳斯鵬二〇二〇、四四七頁）。「譖訊」は本案例に二ヵ所、「譖謂」も二ヵ所見えるほか、案例一〇「郎各日夜別薄譖訊都官旁縣中・縣中城旦」（第一五三簡）・「觸等盡別譖訊安旁田人」（第一五四簡）、「奏讞書」案例一八（第一五二〜一五三簡）「南郡復吏乃以智巧令脩（攸）誘召冣（聚）城中、譖訊傅先後以別、捕毄（繫）戰北者」といった例があり、全て官吏が事案の解決のために何らかの調査を行っている場面に用いられている。また岳麓秦簡「秦律令（貳）」（第一九〜二〇簡）には「諸治從人者、具書未得者名族・年・長・物色・

疵瑕、移讂縣道、縣道官謹以讂窮求、得輒以智巧譖訊其所智（知）從人・從人屬・舍人、未得而不在讂中者、以益讂求、皆捕論之」とある（断句は陳偉二〇一八に従う）。この条文では「從人」の追捕に際して、実際に捕えた後にその徒党の者に関する情報を「譖訊」し、新たに知り得た者がいればその者も追捕するように述べている。ここでは「譖訊」の対象者がすでに捕えられているので、「譖」を「ひそかに」の意味で解するのは難しいし、官署ではなく現場で訊問することにこだわる必要もない。ここで注目されるのは、本案例や案例一〇はいずれも難事件を「智」をもって捜査し解決したとされる獄史の推薦状で、「奏讞書」案例一八でも南郡復吏は「智巧」を駆使して民衆を城内に誘き寄せ「譖訊」しており、岳麓秦簡「秦律令（貳）」でも「以智巧譖訊」することが求められるなど、「譖訊」はいずれも知恵をしぼって行うことを前提にしている点である。つまり、たくみに必要な情報を聞き出すことを「譖訊」と表現している可能性が高く、すると②か③の説が妥当なのではないか。このどちらでも意味は通るが、「情報を探る」ことを重視していると考え、ここでは陶安注に従い「譖（潛）訊」と読み「情報を探って訊問する」と解釈しておきたい。

「薄宿所」については、陶安注の引く「奏讞書」案例二二の例を前文も含めて再掲すると、「舉關求毋徵物以得之、即收訊人豎子及賈市者舍人・人臣僕・僕隷臣・貴大人臣不敬愿・它縣人來流庸（傭）、疑爲盜賊者、徧視其爲謂・即薄出入・所以爲衣食者、謙（廉）問其居處之狀、弗得」（第二〇五～二〇七簡）とある。この案例は、秦王政六年（前二四一年）に咸陽で発生した事件の記録である。婢という女性が何者かに刺され、金銭を取られた。捜査を担当する獄史の挙闕は、事件の手掛かりが得られないため、周囲のさまざまな盗賊行為を働きそうな人々を連行して訊問した。文脈がとりづらいが、陶安注の句読に従えば、疑わしき者の「爲謂」（言動）・「卽薄出入」（近しく往来する場所や人々）・「所以爲衣食者」（生計を立てる術）を調べて、日常生活の状況を問いただした、ということになろう。ただ、「奏讞書」中では「卽」は「すなわち」の意味で用いられるのが普通であるが、この句読だと「卽」をどう読むのか不明である。ここは「偏視其爲謂、卽薄（簿）出入・所以爲衣食者、謙（廉）問其居處之狀」と読んで、言動を「視」たのち、交際関係や生計を「簿」し（記録し）、日常生活の様子を「廉問」した、と考えるべきかもしれない。また、第一五三簡の「卽各日夜別薄譖（潛）訊都官旁縣中・縣中城旦」も、獄史等が城旦の「薄（簿）」を別けて」手分けして聞き込みを行ったとも考えうる。すると本案例の「薄」も「簿」に読み、「逗留する場所を記録する」と解することができるようにも思われる。しかし、第一四四簡に「……及薄宿、類詑」とあり、ここの「薄宿」は「宿を簿す」とは読めないようである。また、ラウ等は、陶安注同様に「薄」を「迫」に読むが、もう一つの可能性として「薄（簿）宿」に読み、「記録された宿」もしくは「個人的な記録簿に載せられた宿」（官吏が「質日」に一時的な逗留先を記録していることを念頭に置いている）と理解できるかもしれないと述べる（Lau and Staack 2016: 221）。だが、吏僕であるとはいえ、そもそも隷臣がそのような記録をつけられたか疑わしい。以上より、ここでは陶安注に従い「薄」を「迫」の意味に取り、「薄宿所」は「接触したり逗留したりする場所の人々」をさすと解しておく。

「讎」について陶安修訂本は、本簡の前に書かれていた何らかの状況（断簡につき不詳）と、「薄宿所」に問いただして知り得た状況とが「一致する」と解釈する。陳偉は、「居處・薄宿所讎」と読み、「讎」は「ともがら、仲間」の意味とする。すなわち日々一緒につるんでいる仲間について同に訊問したと考えているようであり、同が「他国から帰順した」と供述したのは、被害者と交流があるのが露見するのを恐れたからだと述べている（陳偉二〇一五B、四九四頁）。だが、仲間について同に訊問した内容であるなら、直後に「●」を付して供述の主体が変わることを示すのは不自然である。また、ラウ等は陳偉と同様に句読し、「讎」は「参加する、交際する」の意味の動詞で、「所讎」は「交際のある人々、仲間」を意味すると言う（Lau and Staack 2016: 219-220）。しかし、この読み方では同の関係者に尋ねたとのみ記し、その結果が記されていないことになってしまう。案例一〇（第一五八簡）には「訊同。「同、大宮隷臣、可（何）故爲寺從公僕」。同言類不讎、且覆詣?、詣?官」とあり、「同言類不讎」を陶安修訂本は「同の言うことが（事実と）合致しない」と解す。本簡直前の内容は断簡につき不明であるが、ここはひとまず陶安修訂本に従っておきたい。

〔八〕〔陶安注〕「僦」は、雇われて服役する。『漢書』巻九〇酷吏伝に「大司農取民牛車三萬兩爲僦」、顔師古注に「僦謂賃之與雇直也」とある。「僦日」とは、服役期限で、帰順者は何らかの服役義務を負っていたようである。〔案〕黎明釗は「僦日」を「服役期限」と解釈するのは誤りで、雇われた日もしくは期間という意味だとする（黎二〇一四、三三頁）。ラウ等も、「僦」はいくつかの用例では傜役とは対照的に雇われて労働することをさすとし、整理小組の解釈に疑義を呈する。また「就」には「歸義」の「歸」と同義の用法があること、あるいは「即日」（その日のうちに）に読める可能性もあることを挙げる（Lau and Staack 2016: 221）。確かに「僦」が強制的な服役をさすとする史料的根拠は乏しい。また帰順者については、『商君書』徠民篇に「今王發明惠、諸侯之士來歸義者、今使復之三世、無知軍事」とあるように、秦を慕って帰順した者を優遇こそすれ、強制的に服役させたとは考えにくいのではないか。「僦」は黎明釗やラウ等の指摘する通り、雇われて労働することをさすと考えるべきであろう。そこで、ここでは直後に「爲人庸（傭）」とあることも合わせて考えて、「僦日未盡、爲人傭」とは「（他国から帰順してきたのちに人に雇われて労働していたが、その）労働期間がまだ終了せず、人に雇われて労働していた」といった内容に理解しておく。

〔九〕〔案〕ラウ等は「芝」を「芃」（草木が密集して茂っていること）の仮借字とし、「除芝（芃）」

を草取りの意味に解している（Lau and Staack 2016: 221）。「除芝」は、案例一三（第二〇八簡）にも「去、之楊臺苑中除芝徒所」とある。確かに禁苑で人々を徴発して除草を行うことは欠かせない作業であっただろう。ただし「芝」は、『説文』艸部に「芝、艸浮水中皃、从艸乏聲」とあり、草が水中に浮かぶさまをさすから、「除芝」は「繁茂した水草を除去する」という意味であるとも考えられる。そこでここでは「芝」字が用いられていることを尊重し、「除芝」を「水草を除去する」と理解しておく。

〔一〇〕【案】陶安修訂本は「（周囲の人々への）訊問を通して同の帰順や邑里での居住の状況を把握した」と訳しているが、ラウ等は同に「歸義狀及邑里居處狀」を訊ねたと解する（Lau and Staack 2016: 221）。ここではラウ等に従う。この質問を受けて、同は発言内容を改めたのである。

〔一一〕【陶安注】「攺（改）」は、『説文』攴部は二字として収録するが、実は一字の異体字なのではないか。「奏讞書」（第一〇〇簡）に「毛攺（改）曰」、同（第一〇五簡）に「詰【講】攺（改）辤（辭）如毛」とある。

〔一二〕【陶安注】円形の墨点は第一五八簡背面の反印文により補った。付録一第二類巻冊結構表を参照。

〔一三〕【案】ラウ等は「隸臣、非歸義」・「非歸義、可（何）故」を「隷臣であり、帰順しなかった」・「どうして帰順しなかったのか」と理解し、同は戦争で捕虜となったために隷臣になったと推測するが（Lau and Staack 2016: 222）、これは成り立ち難い。この読み方だと、帰順しなかった理由を尋ねたのに対する同の返事は、「爲吏僕、内爲人庸（傭）」というものであることになり、話が全く嚙み合っていない。ここは陶安修訂本の語訳の通り、同が実は隷臣であり、帰順者ではないことを告白し、それに対して帰順者ではないのになぜそのように偽ったのかを尋ねた内容と考えるのが妥当である。

〔一四〕〔陶安注〕「僕」は、侍従・使役に供する人。『説文』人部に「僕、給事者」とある。「吏僕」は、官吏の侍従で、徒隷の服役内容の一つ。里耶秦簡（8-130+8-190+8-193）に「諸徒隷當爲吏僕・養者皆屬倉」、「秦律十八種」（第一一三簡）に「隷臣有巧可以爲工者、勿以爲人僕・養」、「二年律令」（第二六七簡）に「吏有縣官事而無僕者、郵爲炊。有僕者、叚（假）器、皆給水漿」とある。〔案〕同は隷臣であり、吏僕の役目を割り当てられていたのであろう。なお里耶秦簡（8-106）に「遷陵戍卒多爲吏僕」とあるように、戍卒も吏僕になることがあった（Lau and Staack 2016: 222）。

〔一五〕〔陶安注〕「内」は、ひそかに。『後漢書』巻二八馮衍列伝の李賢注引『東観漢記』に「與邑同事一朝、内爲刎頸之盟、興兵背畔、攻取涅城」、『三国志』巻一六魏書杜畿伝に「外以請邑爲名、而内實與幹通謀」とある。「傭」は、雇われて人のために労働すること。案例三注二〇参照。〔案〕ラウ等は、「內」の用法は「奏讞書」（第五六簡）「𥠑鐵長山私使城旦田・春女爲䵼（饘）、令內作」と同じであるとし、この用例と同様に、同が吏僕となり、吏の家中で働いていたと理解する（Lau and Staack 2016: 222-223）。しかし「吏」と「人」は別人をさすと考えるのが自然であろう。ここは陶安修訂本の語訳通り、同が吏僕でありながら、ひそかに人に雇われて働いていたと解釈するべきである。

〔一六〕〔陶安注〕「辟」は、罪に問う・処分すること。案例一注六参照。〔案〕同は吏僕でありながら人に雇われて働いていたことを罪に問われるのを恐れ、帰順者と偽っていた。吏僕となった隷臣はその職務に専念することを求められ、それ以外に職を持つことを禁じられていたのだろうか。

〔一七〕〔単簡摹本注釈〕旧著の赤外線図版は144-2（清理番号1817-1）が欠けており、スキャンする時に失われたものか。摹本はカラー図版に基づいている。

〔一八〕〔案〕図版本は第一四四簡と第一四五簡が直接接続すると考えていた。これは第一五九簡背面の左側に第一四五簡「者而言」、右側に第一四四簡「吏斀」の反印文が確認できることに基づくが、陶安は第一五九簡背面右側の反印文が「吏斀」と合わないとし、第一四四簡と第一四五簡の間に欠簡を想定すべきこと、第二類の巻冊の構造全体を考慮して、案例八の末尾に想定していた欠簡を削除すべきことを述べている（陶安二〇二〇B、二八九～二九五頁）。陶安修訂本はこれを反映し、図版本が第一四一簡と第一四二簡の間に置いていた欠簡一一を第一四四簡と第一四五簡の間に移動させている。

〔一九〕〔陶安注〕「和」は、呼応する・応答することではないか。「奏讞書」（第一〇九簡）に「毛言而是、講和弗手（讎）」とある。「首」は、罪を認める・罪に服す。『漢書』巻四七梁孝王劉武伝に「今王當受詔置辭、恐復不首實對」、顔師古注に「不首、謂不伏其罪也」とある。〔案〕岳麓柒図版本において第一四五簡とつなぎ合わせられる簡として清理番号C7.1-1-2の簡が新たに公開されている。この簡は第一四五簡「和不道一吏者而」の左側部分で、それにより「首」とされていた字が「道」であったことが分かった。なお岳麓柒整理小組注は「和」について「何」に読むのではないかと述べるが、「和」と「何」の通仮例は見られず、また「和」・「何」ともに匣母歌部字ではあるが、「和」は合口字、「何」は開口字であり、開合が合わず、通仮は困難であろう。「同和不道一吏（事）者」をどう読むかは難しいが、ここでは「同の答えは一つのことを言っていない」と訳し、同が訊問に対して発言を二転三転させていることをさしていると考えておく。

　第一四五簡の清理番号について、図版本は「1816-1+1816-4+1816-2+1817-3+1816-3」としていたが、陶安修訂本は「1816」とし、岳麓柒図版本ではC7.1-1-2簡をつなぎ合わせて「C7.1-1-2+1816-1+1816-4+1816-2+1817-3+1816-3」とする（赤外線図版。カラー図版ではC7.1-1-2を末尾に付ける）。ここでは陶安修訂本の番号に新発見の簡の番号を加えて「1816+C7.1-1-2」とした。

〔二〇〕〔陶安注〕「而」は、副詞で、反問を表し、「あに」・「まさか」に相当する。『論語』顔淵篇に「爲仁由己、而由人乎」、邢昺疏に「言行善由己、豈由他人乎哉、言不在人也」とある。「無坐」は、無罪。「封診式」（第九六簡）に「男子甲自詣、辭曰、「士五（伍）、居某里、以迺二月不識日去亡。毋（無）它坐。今來自出」」とある。〔案〕「毋（無）坐」について、ラウ等は「これまで何の罪にも問われていない」という意味であるとし、「言」は如字に読み、「同和不首一吏（事）者而言毋（無）坐殹（也）」を「あなたは返答では一つのことも告白しないが、その代わり自分はこれまで何の罪にも問われていないと言っている」と解釈する（Lau and Staack 2016: 223-224）。「言」については陳松長等もそのままで意味が通るとしている（陳松長二〇一八B、一五六頁）。ここは情報を聞き出すために問いかける「譖（潛）謂」の内容であるから（本案例注七参照）、陶安注に従い、「毋（無）坐」は「（同に）罪はない」という意味に取り、同の回答が一定しないこと（同和不道一事者）に対して「まさか罪に問われることはないと考えているのか」（而意無坐也）と尋ねている疑問文とすべきであろう。「言」と「音」の混用、「音」・「意」の通仮は古文字中には散見されるが秦簡中には珍しい。案例一〇には、「不智（知）盗及死女子可（何）人。毋（無）音（意）殹（也）」（第一五四簡）、

「觸等音（意）以爲安□【死（屍）所】有赤衣、殺安等者城【旦】毆（也）」（第一五五・一五三簡）とあるから、第二類の作者もしくは抄写者の書き癖かもしれない。

〔二一〕【案】陶安修訂本は「吏」の後ろに「僕」を補う。第一四四簡に「同曰、爲吏僕」とあることより、陶安修訂本に従う。

〔二二〕【案】陶安修訂本は「人々が同を見ると、巫が同に付き従っているので、畏れて同を捕えたがらない」と語訳する。黄傑は「人見同巫（誣）、從同、畏不敢捕同」と読み、「人々は、同が嘘偽りを並べているのを見て、同の跡をつけているが、恐れから（あるいは同が吏僕であることに関係あるかもしれない）彼を捕えようとしない」という意味だとする（黄二〇一五、一一九〜一二〇頁）。「巫」を「誣」に読むことは可能だが、「法律答問」にはすでに「誣」字の使用例があり、「二年律令」・「奏讞書」も「誣」字を用いており、「巫」で「誣」を表す例は確認できない。突然巫が登場するのもやや不自然ではあるが、ここでは陶安修訂本の読みに従っておく。あるいは同は、職務上官巫と関わりのある吏僕であったのだろうか。

〔二三〕【案】陳松長等は「□□□田舍」とするが（陳松長二〇一八B、一五六頁）、陶安は二字目の右旁は「昜」、三字目は「東」であるとし（陶安二〇二〇B、二六九頁）、陶安修訂本もそれを踏襲して「□□昜東田舍」とする。岳麓柒図版本の釈文は「□[陽]東田舍」とする。図版を見ると、右旁の「昜」は見えるが左旁は欠けていて「陽」かどうか確定できない（この簡については本案例注二五を参照）。しかし、陶安がここの「田舎」について本案例の被害者が発見された田中の家屋のことをさすのだろうと述べていること（陶安二〇二〇B、二六九頁）、事件の発生をうけて真っ先に「櫟陽及它縣」が捜査されていることを踏まえると、この「田舎」は櫟陽にあった可能性が高い。よってここでは二字目を直接「陽」と隷定する。一字目についてはわずかな残画しか見えないが、「櫟」と矛盾しないため「櫟」としておく。

〔二四〕【案】陳松長等は「買衣、買酒肉」とするが（陳松長二〇一八B、一五六頁）、陶安は「買（賣）衣、買酒肉」に読むべきで、「賣衣」は「買酒肉」の資金源であるとする（陶安二〇二〇B、二六九頁）。陶安修訂本もそれを踏襲する。岳麓柒図版本の釈文も「買（賣）衣、買酒肉」としている。ここでは陶安に従う。

〔二五〕【案】陳松長等は清理番号1845について、釈文の修訂過程で発見された簡で、竹簡の形制と字体は「為獄等状四種」第二類に属し、簡文に「顯」とあることから本案例に帰属させたことを説明し、第一四四（二）簡として第一四四簡と第一四五簡の間に置く（陳松長二〇一八B、一五六頁）。陶安は、当該簡は同が共犯者の顯と飲食を共にしたことを記し、同に対する訊問のどこかに排列されると考える。同は現存している簡では訊問の過程で一貫して罪を認めていないため、田舎のことや顯と飲食したことを供述する当該簡の内容はその最後の部分に位置するのが相応しいこと、第二類の巻冊の構造や反印文、編縄の位置などを考慮

する と、当該簡は第一四四簡と第一四五簡の間の欠簡に相当するとは考えられず、また第一四五簡と第一四六簡の間にも入れられないことから、途中に残欠部分を挟んで第一四六簡の上部に接続させるのが良いとする（陶安二〇二〇B、二六九～二七三頁）。陶安修訂本はこれを反映した排列と釈文となっている。この簡はのちに岳麓秦図版本において公開されたが、そこでは第一四六簡とは接続されていない。ここでは陶安に従っておく。

「高陵」については、岳麓柒整理小組注では秦の内史の属県で、『漢書』巻二八地理志上では左馮翊に属すとする。高陵県は現在の西安市東北に位置し、櫟陽の西にあった。同は櫟陽の東にある田中の家屋で毋憂を殺害して衣服を奪った後、それを売って酒・肉を買い、顕と高陵の市で飲み食いしたということになろう。

〔二六〕〔案〕陶安修訂本は、この内容が顕の聞き取り内容ではないかと推測し、欠字部分を「……。顕？」と補っている。ここでもそれに従い、欠字部分末尾は「顯」字であったと考えておく。

〔二七〕〔陶安注〕「顯」字と「大」字の間には約一文字分の空白があり、赤外線写真ではかすかに墨痕が見える。第一六七簡「民大害毆（也）」の文例によれば、空白にはもともと「民」字があったのではないか。第一四八簡「此黔首大」の四字の文字間隔が前後の文と異なっており、「黔首」の二字を一文字分のスペースに詰め込んだようである。この二ヵ所は秦が全国を統一した後に改められたものではないか。『史記』巻六秦始皇本紀に「分天下以爲三十六郡、郡置守・尉・監。更名民曰黔首」とある。里耶秦簡（8-461）の記載によれば、「王室」・「客舍」の二語を「縣官」と「賓飢舍」に改めているが、第一類案例四（第六七簡）の「王室」・第二類案例一〇（第一六七簡）の「客舍」は改められていない。〔案〕「為獄等状四種」は、案例一五が始皇二六年（前二二一年）九月の案例であるのを除けば、他の紀年により年代が判明する案例は全て統一前のものである（案例八は始皇二八年の案例を含む可能性があるとされるが、疑わしい。案例八注一参照）。もちろんこれらの訴訟に関する記録は原本ではありえず、それを編集しなおしたものであるので、抄写されたのは案例そのものの年代より後れるけれども本案例のような「民」を削り取って「黔首」に変えた痕跡が見られることから、少なくとも第二類は統一前に抄写され、統一後にこのような改変がなされたと思われる。ところで、陶安注は「為獄等状四種」において「王室」・「客舍」が改められていないことを指摘しているが、そもそも本案例のように、すでに書写されて手元にある書籍の中の語句を、わざわざ竹簡を削って改めるということ自体あまり例がない。当時の人々の「黔首」に対する意識の高さが窺えるが、他の統一後の出土文字史料においても、「民」を無理やり「黔首」に置き換えたと思しい箇所が散見される（海老根二〇一二、一六二～一六五頁）。このことより、秦は「黔首」の使用を人々にかなり厳格に徹底させたものと考えられる。

〔二八〕〔陶安注〕「之」字と「令」の間に約三文字分の空白があり、あるいはかつて字が削り取られたのかもしれない。

〔二九〕〔陶安注〕「奏讞書」（第二二七簡）は同じ令文を引用する。第二類表題注三を参照。これにより「上」字を補った。〔案〕「奏讞書」案例二二（第二二七簡）には「令曰、「獄史能得微難獄、上」」とあり、陶安注に従い「上」を補う。「微難獄」については、張楠は本案例（第一四八簡）「毋（無）徵物、難得」、案例一〇（第一六七簡）「甚微難得」などをもとに、「無徵物」・「甚微」であるから「難得」になるという因果関係を指摘し、「微難獄」とは「微」（状況が複雑で証拠などの手がかりも少ない）ゆえに「難」（解決するのが困難）である案件だと考える（張楠二〇一八）。なお陳松長等は「獄」字についてカラー図版にだけ見え、赤外線図版では欠けていると述べている（陳松長二〇一八B、一五六頁）。

〔三〇〕〔陶安注〕第一四七簡は文意により離れた簡をつなぎ合わせて成っており、「上今獄史洋」五字は案例一〇（第一六八簡）と「奏讞書」（第二二七簡）により補った。「奏讞書」（第二二八簡）の文例から推測するに、第一四七簡末尾「得微難獄」と第一四八簡冒頭「爲奏九牒」は直接連読できるのではないかと思われるが、残簡の長さから判断すると、別に欠文があるようだ。〔案〕案例一〇（第一六八簡）には「今獄史觸・彭沮・衷得微難獄」、「奏讞書」案例二二（第二二七～二二八簡）には「今獄史舉闟得微難獄」とある。陶安注の指摘する通り、「今獄史洋得微難獄」と書いてあったと推測される。

〔三二〕〔陶安注〕「牒」は、簡牘、ここでは簡牘の量詞として用いられている。『説文』片部に「牒、札也」、里耶秦簡（8-686背+8-973背）に「八月乙酉、庫守悍敢言之。疏書作徒薄（簿）牒北（背）、上。敢言之」、同（8-645）に「廿（二十）九年九月壬辰朔辛亥、貳春鄉守根敢言之。牒書水火敗亡課一牒、上。敢言之」、「奏讞書」（第六八簡）に「八年四月甲辰朔乙巳、南郡守强敢言之。上奏七牒、謁以聞。種縣論。敢言之」とある。〔案〕陶安は「奏」を上奏文書自体ではなく進言文書に付加された文字資料をさすとする（陶安二〇一四、三九～四八頁）。本案例で言うと「敢言之」で挟まれた末尾部分（第一四七～一四九簡）が進言文書で、それを除くもの（第一四二～一四七簡）が「奏」に当たり、この「奏」部分が九枚の簡牘から成り立っているということになろう。蔣魯敬は、「牒」は秦漢時代の比較的正式な公文書に特有の名称であるとし、「〇牒」のようにその正確な数量を強調しているのは、それによって他の公文書と区別するためだとする（蔣二〇一七、一五～一六頁）。一方、蘇俊林は「名詞＋数詞＋牒」は上申書に附された本文文書の件数をさすとする（蘇二〇二〇A、一五四～一六八頁）。本案例の場合、陶安も蘇俊林も「奏」が上申書に添付された本文のことをさすという点は同じだが、「牒」を簡牘の枚数と見るか、文書の件数と見るかという点で意見の分岐がある。蘇俊林は、「名詞＋数詞＋牒」を簡牘の枚数と考えられない理由として、里耶秦簡の毎日の作徒簿（8-1069+8-1434+8-1520には「作徒日簿」とある）を月末にまとめたもの（8-1559には「五月作徒簿及最」とある）の数量が「卅（三十）牒」であることや、「奏讞書」や「為獄等状四種」の「爲／上奏〇牒」という記載と実際の竹簡の枚数が一致しないことを挙げている（蘇二〇二〇A、一五八～一六五頁）。しかしこれには疑問もある。まず里耶秦簡の「作徒日簿」は文書一件が牘一枚で完結しており、これを一月分まとめた「五月作徒簿及最卅（三十）牒」は牘三〇枚を意味している可能性も否定できない。また「奏讞書」や「為獄等状四種」はすでに編集の手が加わっているため、「牒」の数量が実際の簡の数量と一致していないとしても不自然ではない。このことは蘇俊林自身も指摘しているが、「牒」の数量と実際の簡の枚数の間の齟齬はどちらかが多かったり少なかったりとまちまちであることから、やはり「牒」は簡の枚数を示すものではないとしている（蘇二〇二〇A、一六一頁）。しかし、元の文書がどのような形状だったのか（「簡」だったのか「牘」だったのか、また何行記されていたのかなど）や、現存の「奏讞書」や「為獄等状四種」が元の文書にどれくらい編集を加えているのか確定できない以上、「牒」の数量と実際の簡の数量との齟齬を取り上げて議論することはあまり生産的ではないように思う。これに関連して、次の岳麓秦簡「秦律令（貳）」卒令丙四（第一一一～一一二簡）が手掛かりとなり得る。「諸上對・請・奏者、其事不同者、勿令同編及勿連屬、事別編之。有請、必物一牒、各㣥（徹）之、令昜〈易〉智

〈知〉。其一事而過百牒者、別之、毋過百牒而爲一編、必皆散取其急辤（辭）、令約具別白易〈易〉智（知）殹（也）。……用牘者、一牘毋過五行、五行者、牘廣一寸九分寸八、四行者、牘廣一寸泰半寸、三行者、牘廣一寸半寸。……書卻、上對而復與卻書及事俱上者、繁編之、過廿（二十）牒、阶（界）其方、江（空）其上而署之曰、此以右若左若干牒、前對・請若前奏。……請、自今以來、諸縣官上對・請書者、牘厚毋下十分寸一、二行牒厚毋下十五分寸一、厚過程者、毋得各過其厚之半。……」。ここでは「對」・「請」・「奏」といった文書の書式について規定している。一つの事柄で一つの編とすることが原則だが、「百牒」を超える分量となれば編を分けなければならないこと、文書が却下された後に再び上書する場合、もとの却下された文書と合わせて「二十牒」を超えるならばもとの文書と新しい文書を視覚的に区別した上で「これより右／左の○牒は前回の文書である」と記すことなどが読み取れる。ここでいう「牒」は文書の件数をさしているとは考えにくく、編聯した一編を構成する簡牘の枚数を示していると考えるほかないのではなかろうか。なお本条文では、一枚に三行～五行記すものが「牘」、二行以下のものが「牒」と呼ばれているが、先述の里耶秦簡「作徒日簿」では「一牒」と言いつつ三行以上書かれており、この「牘」と「牒」の使い分けが全ての秦の公文書に厳密に適用できるわけではないようである。少なくとも「○牒」と言う場合の「牒」は簡か牘かにかかわらず枚数をさすと考えておいたほうが良いだろう。

〔三二〕〔陶安注〕「黔首」は、秦始皇二六年に六国を統一した後に民を黔首と称した。『史記』巻六秦始皇本紀を見よ（本案例注二七を参照）。

〔三三〕〔陶安注〕「徴物」は、「徴」は「求」に訓じられ、（犯罪者を）追及する物、すなわち物証である。『呂氏春秋』達鬱篇に「日暮矣、桓公樂之而徴燭」、高誘注に「徴、求也」、『戦国策』西周策に「韓徴甲與粟於周」、鮑彪注に「徴、猶索」、「奏讞書」（第二〇五簡）に「舉闟求毋（無）徴物以得之」とある。注目に値するのは、現代的な意味の物証は立証に重点があるが、古代の徴物は捜索偵察に重点があることである。〔案〕「徴」には「しるし、あかし」の訓もあり、「徴物」は「求める物」ではなく「あかしの物」であろう。「徴物」は物証のことには違いないが、「徴」を「求める」の意味に取り、それに基づいて「徴物」を「犯人を求めるための物」と考えられるかは疑問である。

〔三四〕〔陶安注〕「詗」は、偵察する・秘密調査すること。『史記』巻一一八淮南衡山列伝に「淮南王有女陵、慧、有口辯。王愛陵、常多予金錢、爲中詗長安、約結上左右」、裴駰『集解』の引く徐広の言に「詗、伺候采察之名也」、司馬貞『索隠』の引く孟康の言に「詗音偵。西方人以反閒爲偵」とある。「研詗」は、検討と偵察。「奏讞書」（第二二〇～二二一簡）に「晨昧里（理）訮（研）詗、謙（廉）問不田作市販・貧急窮困・出入不節、疑爲盗賊者公卒瘛等」とあり、張家山漢簡整理小組注に「「里」は、「理」に読むのではないか」とあり、「治」・「理」

は常に互訓するから、本簡の記載は当該注が正しいことを証明するものである。〔案〕「洋以智治訮（研）詷謙（廉）求而得之」と類似の内容は、案例一〇（第一六八簡）に「觸等以智治鐵（纖）微、謙（廉）求得」、「奏讞書」案例二二（第二二六簡）に「毋徵物、舉闕以智訮（研）詷求得」とある。黄傑は、古漢語中では三つの動詞を連用する例は比較的少ないことから、整理小組が「治」・「訮（研）」・「詷」と「奏讞書」の「理」・「訮（研）」・「詷」の三つの動詞を連読しているのは妥当ではないとし、「奏讞書」案例二二（第二一〇～二一一簡）も、原整理者や先行研究の断句の通り「隸妾每等晨昧里（理）、訮（研）詷謙（廉）問不日作市販……」と読むほうが適切であるとして、本案例は「洋以智治、訮（研）詷廉求而得之」、また案例一〇は「觸等以智治、纖微廉求、得」と読むべきとする（黄二〇一五、一二〇～一二一頁）。しかし、整理小組（および陶安注）は「治」を動詞、「訮（研）詷」をその目的語と考えており、「治」もしくは「理」・「訮（研）」・「詷」を三動詞の連用とするというのは誤解であろう。陶安は「治訮（研）詷」と案例一〇「治纖微」は同じ文構造であるとした上で、「纖」・「微」はともに「きわめて小さい」の意味を持ち、「纖微」を治めるとは手掛かりを漏れなく探し集めて複雑な事案を解き明かすことをさすとし、「研詷」も同様に「治」の目的語となるが、時に「奏讞書」案例二二の例のように動詞としても使われるとする（陶安二〇二〇B、二七五頁）。ここではその理解に従っておく。なお陳松長等は「詷」の後ろに読点は必要ないとして「洋以智治訮（研）詷謙（廉）求而得之」とし、「知力と技巧で犯罪者を捕えた」という意味としているが（陳松長二〇一八B、一五七頁）、陶安の指摘するように「治研詷」と「技巧」との関係がよく分からない。

〔三五〕〔陶安注〕「廉」は、「覝」に通じ、実地調査する・訪ね調べること。『説文』見部に「覝、察視也」、『漢書』巻一高帝紀下に「且廉問、有不如吾詔者、以重論之」、顔師古注に「廉、察也。廉字本作覝、其音同耳」、居延漢簡（10.40）に「且遣都吏循行廉察、不如護大守府書、致案。毋忽。如律令」とある。「廉求」は、犯人を捜し求めることで、偵察活動全体を概括する最も広い概念であり、現在の捜査の概念と似ている。「奏讞書」（第七八簡）を参照（第二類表題注四を見よ）。〔案〕「廉求」は、前文（第一五六簡）に「日夜謙（廉）求櫟陽及它縣」、案例一〇（第一六八簡）に「觸等以智治韱（纖）微、謙（廉）求得」、「奏讞書」案例一六（第七七～七八簡）に「武出備盗賊而不反（返）、其從（蹤）迹類或殺之、獄告出入廿（二十）日弗窮訊、吏莫追求、坐以毄（繫）者毋毄（繫）牒、疑有姦詐（詐）、其謙（廉）求捕其賊、復（覆）其姦詐（詐）及智（知）縱不捕賊者、必盡得、以法論」とある。いずれも手掛かりに乏しい中で網羅的に犯人の捜索を行うことをさす。ラウ等は「廉」を「徹底的な、非常に注意深い」の意とするが（Lau and Staack 2016: 225）、「廉」にそのような訓詁はないようである。ここは陶安注に従っておく。

〔三六〕〔陶安注〕「無害」は、伝世文献では「文無害」・「文史無害」とも称し、秦漢時代にあっては法律と文書業務に精通していることをさすようである。『論衡』謝短篇に「夫儒生能説一經、自謂通大道、以驕文吏。文吏曉簿書、自謂文無害、以戲儒生」、『墨子』号令篇に「請擇吏之忠信者、無害可任事者」、「奏讞書」（第二二八簡）に「舉閥毋害、謙（廉）絜（潔）敦殼（愨）。守吏（事）也、平端」とある。古訓中では、『漢書』巻三九蕭何伝の顔師古注が引く蘇林の言の「無比」がこの意味と最も近い。楊樹達『漢書窺管』の挙げる『漢書』巻九九王莽伝下「刻銅印三、文意甚害」は、「文」は印文をさし、「文史無害」とは無関係である。〔案〕「無害」は、職務に支障をきたさない能力を持つことをさし、郡県属吏を対象に、抜擢昇遷を前提とした実務能力評価でもあった（飯島一九七九、六四～七一頁）。

〔三七〕〔案〕「敦殼（愨）」について、陶安あんどは、偽りなどがなく、誠実なことを言うとして、『荀子』王覇篇「商賈敦愨無詐、則商旅安、貨財通、而國求給矣」を引く（陶安あんど二〇二二、一一一頁）。「語書」（第九簡）には「凡良吏明灋（法）律令、事無不能殹（也）。有（又）廉絜（潔）敦愨而好佐上、以一曹事不足獨治殹（也）、故有公心。」とあり、良吏の条件として「廉潔」とともに「敦愨」が挙げられている。

〔三八〕〔陶安注〕「守事」は、「事」は公用・公務をさし、公務を実行する・職務につくこと。『史記』巻七八春申君列伝に「今王使盛橋守事於韓」、司馬貞『索隠』に「秦使盛橋守事於韓、亦如楚使召滑相趙然也」とある。ここでは職務態度・仕事ぶりをさしている。岳麓秦簡「為吏治官及黔首」（第八六簡）に「精（精）正守事」、「奏讞書」（第二二八簡）に「守吏（事）也、平端」とある。〔案〕ラウ等は「守」を守官の「守」と考え、「守吏」を「現職の官吏」と解している（Lau and Staack 2016: 86, 226）。しかし陶安注の挙げる「為吏治官及黔首」の例からも明らかなように、「守吏」は「守事」に読むべきである。よってここは陶安注に従う。

〔三九〕〔陶安注〕「勞年」の二字は第一六九簡により補った。案例一〇注四一を参照。〔案〕その後の整理で「勞年」二字が記された残簡（清理番号C1-4-6）が発見され、岳麓柒図版本で公開された。同書はこの残簡を第一四八簡（清理番号0643）の下に接続させている。「勞・年中令」の語は案例一〇（第一六九簡）などにも見え、陶安注は「勞・年」は功労経歴と年齢、「中令」は法律の要求に合致していることとする。文意から考えてもこの接続は問題ないだろう。

〔四〇〕〔陶安注〕「綏」は、人名ではないか。「任」は、人材を推挙する・保証すること。『漢書』巻五〇汲黯伝に「濮陽段宏始事蓋侯信、信任宏、官亦再至九卿」、顔師古注が引く蘇林の言に「任、保舉」、「秦律雜抄」（第一簡）に「任灋（廢）官者爲吏、貲二甲」、「二年律令」（第二一〇簡）に「有任人以爲吏、其所任不廉・不勝任以免、亦免任者」とある。「補」は、官員の転任。『漢書』巻七八蕭望之伝に「陛下哀愍百姓、恐德化之不究、悉出諫官以補郡吏、所謂憂其末而忘其本者也」、「奏讞書」（第二二八簡）に「謁以補卒史、勸它吏」とある。「卒史」は、郡などの属吏。『史記』巻一二〇汲鄭列伝の裴駰『集解』が引く如淳の言に「律、太守・都尉・諸侯内史史各一人、卒史書佐各十人」、同巻一三〇太史公自序の張守節『正義』が引く『漢旧儀』に「太史公秩二千石、卒史皆秩二百石」、尹湾漢簡（YM6D2正）に「大守吏員廿（二十）七人。大守一人、秩□二千石。大守丞一人、秩六百石。卒史九人、属五人、書佐九人、門兵佐一人、小府嗇夫一人。凡廿（二十）七人。都尉吏員十二人。都尉一人、秩眞二千石。都尉丞一人、秩六百石。卒史二人、属三人、書佐四人、門兵佐一人。凡十二人」とある。〔案〕「奏讞書」案例二二末尾に付された難事件を解決した獄史の推薦状には、冒頭に「六年八月丙子朔壬辰、咸陽丞穀禮敢言之」（第二二七簡）とあり、獄史の所属する咸陽県の丞が推薦している。綏は洋の上官に当たる某県の令か丞であろう。本案例および案例一〇、「奏讞書」案例二二ではいずれも県の獄史が卒史に推挙されており、推挙先である卒史は郡ないし内史の官員である可能性が高い。本案例では綏が洋を「任」した上で卒史とすることを「謁」しているが、岳麓秦簡「秦律令（壹）」置吏律（第二一七～二一八簡）には「任人爲吏及宦皇帝、其謁者有辠（罪）、盡去所任、勿令爲吏及宦」とあり、「任者」（保証人）と「謁者」（登用を求めた人）が別になることもあり得た。なお周海鋒は岳麓秦簡「秦律令（貳）」遷吏帰吏群除令（第二八二～二八三簡）の「令曰、有發繇（徭）事（使）、爲官獄史者、大縣必遣其治獄冣（最）久者、縣四人、小縣及都官各二人、乃遣其餘、令到已前發（？）者、令卒其事、遣詣其縣官、以攻（功）勞次除以爲叚（假）廷史・叚（假）卒史・叚（假）屬者、不用此令」を挙げつつ、本案例の「任謁以補卒史」を保証・推挙して仮卒史にすることとし、試用期間が満了した後に真官になると考えているが（周二〇一九、一一二頁）、本案例において「補」された場合に必ず仮卒史となるのかどうかは不明。

〔四一〕〔案〕陶安修訂本は「敢言之」とするが、ラウ等は「敢言」二字のみ隷定し、その下に「之」を補う（Lau and Staack 2016: 218, 227）。陳松長等も同様に「敢言〖之〗」としている（陳松長二〇一八B、一五七頁）。陶安は「之」字は編縄に押しつぶされて見えにくくなっているだけであるとし、「言」と「之」の間に大きな空白があるのは、編縄を避けて字を書いたが、編縄が二つに分かれ、上半分は空白部にかかったものの、下半分は「之」字にかかってしまったためとする（陶安二〇二〇B、二七五～二七六頁）。赤外線図版を見ると、確かに編縄のかかっていた場所に「之」字の痕跡が確認できる。

案例一〇　凶悪強盗殺人犯を追え（第二類第一五〇簡〜第一七〇簡）

楯身智志

通釈

（秦王政）六年（前二四一年）一一月一日、私属の喜が言いました、「……衍人妾宜・士伍安……」と。

●そこで獄史の彭沮・衷を派遣して（現場を）確認させました。安・宜と身元不明の一人の女性の遺体はいずれも屋内にあり、頭と首には刃物傷がありました。殺害した者は分からず、……赤い肌着は、城旦の衣服に似ていました。

●喜は言いました、「かつて死亡した女性と安たちが一緒に仕事をしているのを見たことがありますが、（彼女が）誰なのかは知りませんでした」。

●衍は言いました、「宜・安は上着・肌着・ズボン・靴を所持していたはずですが、すべてなくなっていて見つかりませんでした」。強盗犯と死亡した女性の身元は分かりませんでした。まったく手がかりがありませんでした。

●ただちに獄史触・彭沮・衷に強盗犯を捜索させました。

●触等がみなで手分けして安の隣人をことごとく取り調べたところ、みな言いました、「（死亡した女性が）誰なのか知りません」。そこで司寇の晦を引き連れ、手分けして大小の道に張り込み、（往来する人々を）遮って挙動不審な者を追及しましたが、（強盗犯を）捕えることはできませんでした。

●触等は思いました、「安……遺体の側に赤い衣服があったので、安等を殺した者は城旦であろう」と。そこで昼も夜も手分けして都官近辺の県内や県内の城旦を取り調べ、さらに牒書其亡者……同……新しい鞘のついた大刀を帯びていました。その目つきは一所にとどまらず、怪しい様子でした。そこで訊問したところ、答えて言いました、「大宮隷臣の同です。……」。

●同を訊問しました、「同は、大宮隷臣なのに、どうして寺従公の僕になったのか」。同の返答は（捜査記録と）合致しないように見えたため、再訊問のために（同を）連行し、官府に出頭させました。同はあらためて言いました、「正確な名前は魏です。もとは燕城にいました。（秦に）降伏して隷臣になり、寺従に送られましたが、逃亡しました」。魏を訊問しました、「魏は逃亡したのに、どうやって銭を稼いで袍《ズボン》を補修して鞘と刀を購入したのか」。魏は言いました、「日雇いで銭を得ました」。

●魏を詰問しました、「……どのように釈明するのか」。魏は言いました、「（私は）有罪です。釈明しようもございません」。……魏を詰問しました、「……」。魏は言いました、「……甚矣。人に知られないようにしました。（しかし）今、お役人が知ってしまい、どうしようもないので、真実を述べさせて下さい。魏は盗みを働こうとしましたが、逮捕されるのを恐れて而……不……得者、城旦の赤い衣服を買い求め、これを入手し、殺人を犯した後、（城旦の衣服を）遺体の側に置くことで、人に殺人を犯したのが城旦であると思い込ませ、魏を逮捕できないようにしました。嫳は本当に一〇日余り前に、二銭で所属の分からない城旦からボロボロの赤い肌着を購入し、袋に入れて携帯していました。（その後）蛇行して高門から（県城外へ）出て、盗みに入れそうな場所を探しました。莫食の時間に安等の家に到着し、……寄……其内中。しばらくして、安等はみな寝静まっていたので、（隠れていた場所から）出ました。そして私は安等を斬り殺し、赤い衣服を遺体の側に置き、衣服や器物を盗み取り、そこから立ち去って道行く人々に（盗品を）売りさばきました。（それで得た）銭で麻布を買ってこの袍を補修した上で飲食しました。嫳には母と妻と子がおり、みな魏に住んでいます。そこで大刀を購入し、再び強盗殺人を働き、銭や金目のものを手に入れて路銀とし、魏に逃亡しようとしました。（しかし）未遂のまま逮捕されました。（私は）有罪です」。

●（関係各所に）確認したところ供述の通りでした。（嫳の）盗んだ金額は四一六銭でした。すでに論断は完了して嫳を磔刑としました。

●嫳は晋人であり、性格は強情かつ横暴。故意に城旦の赤い衣服を購入し、強盗殺人を犯しました。殺害した後、（赤い衣服を）遺体の側に置き、ワナをしかけて官吏が（事件を）解決できないよう仕組みました。一人で三人を（県城外の）田野で殺害した後、逃亡して県城内の市客舎に滞在していましたが、非常に凶悪で、尋常ではない様子でした。さらに大刀を購入し、再び強盗殺人を犯し、魏に逃亡しようとしていました。民にとって大きな害悪でした。しかも

（手がかりが）少なく解決が難しい事件でした。獄史の触等は知恵を絞って少ない手がかりを調査し、念入りな捜査によって（事件を）解決しました。（秦王政）五年（前二四二年）、触と史の去疢は謁為……之。今、獄史の触・彭沮・衷は手がかりが少なく困難な事件を解決し、一人を磔刑としました。ここに一六枚の書類を作成し、上呈致します。触は二二年間令史を務め、（現在の）年齢は四三歳。彭沮・衷の勤務年数・年齢はいずれも（昇進させるに際して）法令に合致しています。みな清廉で、職務上の障害もなく、謹直にして、職務に忠実、判断は公平で、礼儀正しい人物です。（彼らの能力を）請け負うので、卒史に昇進させ、他の官吏にも（一層職務に励むよう）奨励させて頂きたくお願い致します。以上、申し上げます。

原文

六年十一月己未私屬喜曰□〼　〼彳□人妾宜士五安□　　□〼　一五〇（残115＋残114）

●卽令獄史彭沮∠衷往診安宜及不智可一女子死皆在內中頭頸有伐刑痏不智殺者〼　一五一（0511）

赤帬襦類城旦衣●喜曰嘗見死女子與安等作不智可人●衙曰宜安有布衣帬襦絝履皆亡不得　一五二（0418）

不智盜及死女子可人毋音毆●卽令獄史觸與彭沮□求其盜●觸等盡別譖訊安旁田人皆曰不□　一五四（0422）

可人卽將司寇晦別居千佰衡道徼迣苛視不犳者弗得●觸等音以爲安□▨　▨有赤衣殺安等者□

▨　一五五（0454-1+0454+残087）

毆卽各日夜別薄譖訊都官旁縣=中=城旦及牒書其亡者□▨　一五三（0329）

佩新大鞞刀其瞻視不壹如有惡狀卽訊言曰大□▨　一五七（1828）

●訊同=大宮隸臣可故爲寺從公僕同言類不讎且覆詣?=官同攺曰定名魏故燕城人降爲隸臣輸寺

從去亡　一五八（1822）

訊魏=亡安取錢以補袍及買鞞刀魏曰庸取錢　一五九（1818）

▨□可解魏曰辠毋解▨　一六五（残408）

甚矣以人莫智今吏智之未可奈可請言請魏欲盜恐得而□□□不□▨　一六〇（0452(2)）

得者求城旦赤衣操巳殺人置死所令人以爲殺人者□□毆?弗?能?得?魏=誠以旬餘時以二錢買不智　一六一（0642）

可官城旦敝赤帬襦以縢盛佗行出高門視可盜者莫?食時到安等舍□寄□其內中有頃安等　一六二（0516）

皆臥出魏伐刑殺安等置赤衣死所盜取衣器去買行道者所以錢買布補□□及□食之　一六三（0512+C1-2-2）

有母妻子在魏卽買大刀欲復以盜殺人得錢材以爲用亡之魏未飾而得辠　一六四（0419）

●問如辤臧四百一十六錢巳論磔甊●甊晉人材犺端買城旦赤衣以盜殺人巳殺置死所以臞令吏〼　一六六（0423）

得∠一人殺三人田壄去居邑中市客舍甚悍非恆人毆有買大刀欲復?盜殺人以亡之甊民大害毆甚微難得　一六七（0427）

觸等以智治鐵微謙求得∠五年觸與史去疢謁爲?〼　〼□?之今獄史觸彭沮∠衷得微難獄磔辠　一六八（0307+1830）

一人爲奏十六牒上觸爲令史廿二歲年卌三彭沮衷勞年中令皆請絜毋害敦慤守吏心平端禮任謁　一六九（1821）

課以補卒史勸它吏敢言之　一七〇（1819）

（以下、待考残簡）

〼□□□□□棄所〼　（C6-3-2）

校訂文

六年十一月己未〔一〕、私屬喜曰〔二〕、「□……彳人妾宜・士五（伍）安□　□……」〔三〕●卽令獄史彭沮・衷往診。安・宜及不智（知）可（何）一女子死（屍）皆在內中〔四〕、頭頸有伐刑痏〔五〕。不智（知）殺者、【□□□□□】赤帬襦、類城旦衣〔六〕。●喜曰、「嘗見死女子與安等作、不智（知）

可（何）人」。●銜曰、「宜・安有布衣・帬襦・絝・履、皆亡不得」。不智（知）盜及死女子可（何）人。毋（無）音（意）毆（也）〔七〕。●即令獄史觸與彭沮・衷求其盜。●觸等盡別譖（潛）訊安旁田人、皆曰、「不智（知）可（何）人」〔八〕。即將司寇晦〔九〕、別居千（阡）佰（陌）・衡（徹）道〔一〇〕、徼（邀）泄苛視不𤝞〈狀〉者〔一一〕、弗得。●觸等音（意）以爲、「安□【死（屍）所】有赤衣〔一二〕、殺安等者城【旦】毆（也）」〔一三〕。即各日夜別薄譖（潛）訊都官旁縣中・縣中城旦及牒書其亡者□【……同……】〔一四〕佩新大鞞（鞞）刀。其瞻視不壹〔一五〕、如有惡狀。即訊、言曰、「大宮【隸臣同。】〔一六〕……」。●訊同、「同、大宮隸臣〔一七〕、可（何）故爲寺從公僕」〔一八〕。同言類不讎〔一九〕、且覆詣《?》、詣《?》官〔二〇〕。同改（改）曰、「定名魏。故燕城人〔二一〕。降爲隸臣〔二二〕、輸寺從、去亡。訊魏、「魏亡、安取錢以補袍及買鞞刀」。魏曰、「庸取錢」。【●詰魏、「……」】□可（何）解」。魏曰、「辠（罪）。毋（無）解」。【詰魏、「……」。魏曰、「……】〔二三〕甚矣。以人莫智（知）。今吏智（知）之、未可奈可（何）、請言請（情）〔二四〕。魏欲盜、恐得而□□□不□……得者、求城旦赤衣、操、巳（已）殺人、置死（屍）所、令人以爲殺人者城旦毆《?》（也）、弗《?》能《?》得《?》魏。魏誠以旬餘時、以二錢買不智（知）可（何）官城旦敝赤帬襦〔二五〕、以𦝤盛〔二六〕。佗（施）行出高門〔二七〕、視可盜者。莫《?》食時到安等舍〔二八〕、□寄□其內中〔二九〕。有頃、安等皆臥、出。魏伐刑殺安等、置赤衣死（屍）所、盜取衣器、去買（賣）行道者所。以錢買布補此袍及歙（飲）食之〔三〇〕。魏有母・妻・子、在魏（魏）〔三一〕。即買大刀、欲復以盜殺人、得錢材（財）以爲用、亡之魏（魏）。未蝕（蝕）

而得〔三二〕。辠（罪）」。●問如辤（辭）。臧（贓）四百一十六錢。巳（已）論磔巍。●巍、晉人〔三三〕、材犺（伉）〔三四〕。端買城旦赤衣〔三五〕、以盜殺人。巳（已）殺、置死（屍）所、以臞（虞）令吏【弗】得〔三六〕。一人殺三人田壄（野）、去居邑中市客舍〔三七〕、甚悍〔三八〕、非恆人殹（也）。有（又）買大刀、欲復盜殺人、以亡之巍（魏）。民大害殹（也）。甚微難得。觸等以智治韱（纖）微、謙（廉）求得〔三九〕。五年、觸與史去疢謁爲【□□□□】□之〔四〇〕。今獄史觸・彭沮・衷得微難獄磔辠（罪）一人。爲奏十六牒、上。觸爲令史廿（二十）二歲、年卌（四十）三。彭沮・衷勞・年中令〔四一〕。皆請（清）絜（潔）、毋（無）害、敦嗀（愨）、守吏（事）、心平端禮。任謁課以補卒史〔四二〕、勸它吏。敢言之。

（以下、待考残簡）

【……】□隸臣赤衣棄所【……】

訓読

六年十一月己未、私屬の喜曰く、「……彳□人妾宜・士伍安……」●即ち獄史の彭沮・衷をして往きて診しむ。安・宜及び何れか知らざる一女子の屍は皆な内中に在り、頭頸に伐刑の痏有り。殺す者を知らず、……赤帬襦、城旦の衣に類す。●喜曰く、「嘗て死する女子と安等の作するを見るも、何人なるかを知らず」と。●銜曰く、「宜・安に布衣・帬襦・絝・履有るも、皆な亡して得《え》ず」と。盗及び死する女子の何人なるかを知らず。意無きなり。●即ち獄史の觸と彭沮・衷をして其の盗を求めしむ。●觸等、盡く別して安の旁田の人を潛訊するに、皆な曰く、「何人なるかを知らず」と。即ち司寇の晦を將し、別して阡陌・徹道に居り、邀迣して不狀なる者を苛視するも、得《とら》えず。●觸等、意に以爲らく、「安……【屍所に】赤衣有れば、安等を殺す者は城【旦】ならん」と。即ち各々日夜別して薄して都官の旁縣中・縣中の城旦を潛訊し、及び牒書其亡者……【……同……】新たなる大鞞刀を佩す。其の瞻視は壹ならず、惡狀有る如し。即ち訊するに、言いて曰く、「大宮隷臣の同。……」●同を訊す、「同、大宮隷臣なるも、何の故に寺從公の僕と爲るか」と。同の言、讎せざるに類すれば、且《すなわ》ち覆して詣し、官に詣らしむ。同改めて曰く、「定名は巍。故燕城の人。降りて隷臣と爲り、寺從に輸せらるるも、去りて亡ぐ」と。巍を訊す、「巍亡ぐるも、安《いか》にして錢を取りて以て袍を補い及び鞞刀を買うや」と。巍曰く、「庸もて錢を取る」と。【●巍を詰す、「……」】……何に解せん」と。巍曰く、「罪あり。解無し」と。【巍を詰す、「……」。巍曰く、「……】甚矣。以て人知ること莫し。今吏、之を知り、未だ奈何ともすべからざれば、情を言うを請う。巍、盗せんと欲するも、得えらるるを恐れ而……不……得者、城旦の赤衣を求め、操り、已に人を殺し、屍所に置き、人をして以て人を殺す者は城旦なりと爲し、巍を得うる能わざらしめんとす。巍、誠に旬餘の時を以て、二錢を以て何れか知らざる官の城旦より儆るる赤帬襦を買い、膝を以て盛す。施行して高門より出で、盗むべき者を視る。莫食時に安等の舍に到り、……寄……其内中。頃く有り、安等皆な臥すれば、出ず。巍、伐りて安等を刑殺し、赤衣を屍所に置き、盗かに衣器を取り、去りて道を行く者の所に賣る。錢を以て布を買いて此の袍を補い及び之を飲食す。巍に母・妻・子有り、魏に在り。卽ち大刀を買い、復た以て人を盗殺し、錢財を得て以て用と爲し、亡げて魏に之かんと欲す。未だ蝕せずして得えらる。罪あり」と。●問するに辭の如し。贓は四百一十六錢。已に論じて巍を磔とす。●巍、晉人、材伉たり。端に城旦の赤衣を買い、以て人を盗殺す。已に殺し、屍所に置き、以て虞して吏をして得ざらしめんとす。一人にして三人を田野に殺し、去りて邑中の市客舍に居り、甚だ悍にして、恆人に非ざるなり。又大刀を買い、復た人を盗殺し、以て亡げて魏に之かんと欲す。民の大害なり。甚だ微にして得難し。觸等、智を以て纖微を治し、廉求して得。五年、觸と史の去疢、謁爲……之。今、獄史の觸・彭沮・衷、微難の獄を得て一人を磔罪とす。奏十六牒を爲《つく》り、上す。觸、令史と爲りて二十二歲、年は四十三。彭沮・衷の勞・年は令に中《あ》たる。皆な清潔、無害、敦愨、事を守り、心は平端にして禮あり。任じて課して以て卒史に補し、它吏に勸めんことを謁む。敢えて之を言う。

注釈

〔一〕〔陶安注〕本案例の編聯は旧著とは異なる。詳細は陶安「岳麓書院秦簡《為獄等状四種》

第二類巻冊案例八至案例十一釈文・注釈及編聯商榷」参照。文書層次表の中で▒の部分［陶安修訂本所掲文書層次表のグレーの網掛部分をさす。本訳注では省略――楯身補］は釈文あるいは編聯に改めた箇所があることを示し、第一五六簡は案例九の第一四二簡の下に移した。秦王政六年一一月は庚戌朔で、己未は一〇日。〔案〕図版本では、本案例を構成する各簡が簡番号通りに配列されていた。しかし、陳偉は、本案例における捜査活動を①「各日夜別薄譜（潛）訊都官旁縣・縣中城旦」（第一五三簡）、②「盡別譜（潛）訊安旁田人」（第一五四簡）、③「別居千（阡）佰（陌）・勶（徹）道、徼（邀）迣苛視不犳〈狀〉者」（第一五五簡）、④「日夜謙（廉）求櫟陽及它縣」（第一五六簡）と整理した上で、これらの捜査活動が②「安旁田人」→③「千（阡）佰（陌）・勶（徹）道」→①「都官旁縣・縣中」→④「櫟陽及它縣」という具合に、活動範囲を徐々に拡大していくかたちで行われたはずと推測し、第一五二簡→第一五四簡→第一五五簡→第一五三簡→第一五六簡と簡の排列を変更すべきと主張した（陳偉二〇一五B、五〇一～五〇二頁）。対して陶安は、当初は簡番号通りの配列を堅持していたが（陶安二〇一六、三七七～三八四頁）、本案例における「●」（圏点）が証言・行動主体の切り替わりを示しているとした上で、そのような圏点の機能に基づいて配列を再検討した結果、陳偉説のうち第一五二簡→第一五四簡→第一五五簡→第一五三簡については従うべきとし、これを反印文からも検証している。ただし、第一五六簡に関しては文脈上、案例九に移動させるべきとしている（陶安二〇二〇B、二八一～二八三頁）。「六年」について、図版本の釈文は「廿年」とするが、ラウ等は字形が同案例内・第一六九簡に見える「廿」字と異なることから、「六」字と推定する（Lau and Staack 2016: 229）。陶安は「為獄等状四種」中の別の「廿」字や「六」字と比較した上で、ラウ等の説に従うべきとする（陶安二〇二〇B、二七七～二七八頁）。

〔二〕〔陶安注〕「私屬」については、「二年律令」（第一六二簡）「奴婢爲善而主欲免者、許之、奴命曰私屬、婢爲庶人、皆復使及筭（算）事之如奴婢」参照。〔案〕陶安注の引用する「二年律令」亡律（第一六二～一六三簡）によると、私属とは解放された奴のこと。もっとも、引き続きもとの主人に使役されるという点で立場上は奴と何ら変わりがなく、「不善」をなした場合には再び奴に戻される。ただし、主人が死亡したり罪を犯した場合には庶人になることができた（宮宅二〇一一、二〇五～二〇六頁）。

〔三〕〔陶安注〕「𧗠」は人名「𧗠」か。本案例第一五二簡参照。〔案〕図版本は本句を「□……𧗠□妾宜・士五（伍）安□　□……」としていたが、のちに陶安は、①「妾」の前の未読字は「人」字のように見える、②本句で並列されている「宜」・「安」はいずれも本案例における強盗殺人の被害者であるが、「𧗠」は証言者に過ぎず、「宜」・「安」と並列される可能性は低い、という理由により、「𧗠人」と訂正した（陶安二〇二〇B、二八二頁）。この説は陶安修訂本にも反映されているが、その注釈ではなおも「彳□」が「衜」である可能性を指摘している。

〔四〕〔陶安注〕「不知何（人）」は、姓名と出自が分からないこと。「封診式」（第五五～五六簡）に「爰書、某亭求盗甲告曰、「署中某所有賊死・結髮・不智（知）可（何）男子一人、來告」。即令令史某往診」、「奏讞書」（第一九七～一九八簡）に「六月癸卯、典贏告曰、不智（知）何人刺女子婢冣里中、奪錢、不智（知）之所。即令獄史順・去疢・忠文□固追求賊」とある。伝世文献では「何人」とも略称される。『漢書』巻七一雋不疑伝に「廷尉驗治何人、竟得姦詐」、顔師古注に「凡不知姓名及所從來者、皆曰何人」とある。「內」は内室・寝室のこと。『漢書』巻四九鼂錯伝に「先爲築室、家有一堂二內」、顔師古注に引く張晏の言に「二內、二房也」、「封診式」（第八～九簡）に「一宇二內、各有戶、內室皆瓦蓋、木大具、門桑十木」、「奏讞書」（第一八三～一八四簡）に「甲與男子丙偕之棺後內中和奸」とある。一説に、「內」にはたいがい「大內」・「房（旁）內」の別があるので、ただ「內中」と称するのは不正確である。「內中」の二字は内部・～の中という意味で、本簡には脱文があるのかもしれない。「封診式」（第七三簡）に「自宵臧（藏）乙復（複）結衣一乙房內中」、同（第六四簡）に「丙死（屍）縣（懸）其室東內中北辟權」とある。〔案〕陶安注は「內中」を寝室と解する一方、「～の内部」ないし「～の中」の意味と解した上で脱文がある可能性も指摘する。しかし、『史記』巻四九外戚世家・褚小孫補記には、武帝が王太后の娘を迎えに行ったときの様子として「家人驚恐、女亡匿内中牀下」とあり、娘が「内中の牀下」、すなわち屋内の寝台の下に隠れたとある。これと同様、本条の「内中」も単に屋内を意味するに過ぎない可能性もある。

〔五〕〔陶安注〕「痏」は広く外傷をさす。「封診式」（第三五～三六簡）に「其右角痏一所、袤五寸、深到骨、類劍迹」、同上第五六簡に「某頭左角刃痏一所」、慧琳『一切経音義』巻九九注引『倉頡篇』に「痏、傷也」とある。秦漢律では毆傷は「疻痏」と称するが、あるいはこれより後漢以降の訓詁においてしだいに「痏」字を毆傷とする解釈が導き出されたのかもしれない。「法律答問」（第八七簡）に「或與人鬪、夬（決）人脣（唇）、論可（何）毆（也）。比疻痏」、「二年律令」（第二八簡）に「毆同死〈列〉以下、罰金二兩。其有疻痏及□、罰金四兩」、『説文』疒部に「痏、疻痏也」、『文選』西京賦「所惡成創痏」の李善注引『蒼頡篇』に「痏、毆傷也」、『急就篇』「疻痏保辜謕呼號」の顔師古注に「毆人皮膚腫起曰疻、毆傷曰痏」とある。〔案〕「伐」は「法律答問」（第八四簡）に「士五（伍）甲鬪、拔劍伐、斬人髮結、可（何）論。當完爲城旦」、「封診式」奪首（第三一～三三簡）に「今日見丙戲旞、直以劍伐痍丁、奪此首、而捕來詣」とあるのによれば、剣で斬りつけること。「刑」は身体を傷つける、ないしは欠損させる意（冨谷一九九八、三〇～三二頁）。つまり、「伐刑痏」とは刀傷のことであろう。後段には、被疑者の麴が凶器らしき「大韓刀」を身に着けていたという記述（第一五七簡）や、彼が被疑者の安等を「伐刑殺」したとする証言（第一六三簡）が見える。

〔六〕〔案〕第一五一簡末尾（「不智（知）殺者」以降）は断絶しているが、図版本・陶安修訂本の釈文は五文字分の未読字を補っている。確かに、第一五一簡と第一五二簡と並べてみると、第一五一簡の断絶部分は第一五二簡末尾の五字「履皆亡不得」と対応する。なお、ラウ等は、この断絶部分に「しかし、～を発見した」という意味の文言が入ると推測する（Lau and Staack 2016: 232）。「帬」・「襦」はそれぞれ下半身用・上半身用の衣服のこと（『説文』衣部）。後段には、被疑者の魏が城旦から二銭で「帬襦」を購入したとする記述が見え（第一六一～一六二簡）、ここでの「赤帬襦」が城旦の着ていた「赤衣」そのものであったことが知られる。秦律・漢律によると、城旦舂は赤い衣服とフェルト帽を身に着け、首枷・足枷を嵌められていたという（宮宅二〇一一、一一〇～一一一頁）。

〔七〕〔陶安注〕「意」は、推量すること、推測すること。犯罪に関係のある者が犯罪の状況などについて推測すること。『史記』巻七〇張儀列伝に「已而楚相亡璧、門下意張儀、曰、「儀貧無行、必此盗相君之璧」」、後段（第一五五簡）に「●觸等音（意）以爲安□【死（屍）所】有赤衣」とある。「無意」とは、ぼんやりとしていて手がかりがないこと。「封診式」（第八二簡）に「不智（知）盗者可（何）人及蚤（早）莫（暮）、毋（無）意殹（也）」とある。古文字の「音」と「言」の関係は密接なので、「言」字も「音」と読めるかもしれない。「奏讞書」（第二二二簡）「令吏求賈市者、毋言」の「言」も「音」と読み改めるべきであろう。
〔八〕【案】図版本は、第一五五簡冒頭にかけての釈文を「不智（知）【□□】」に作る。これは第一五四簡末尾と第一五五簡冒頭がともに断絶しているためである。ところがその後、「数」（第八〇簡＝0458）の一部とされていた残片（「可人即」）が第一五五簡冒頭に接続することが判明し、なおかつ第一五四簡末尾に文字は入らないことが確認されたため、「不智（知）可（何）人」と修訂された（陶安二〇一六、三四一～三四三頁）。その結果、本簡（第一五五簡）の清理番号は0454＋残087から0454-1＋0454＋残087に変更された。
〔九〕【陶安注】「司寇」は、秦および漢初の身分の一つで、中等の犯罪に用いられる。「二年律令」（第九〇簡）に「有罪當耐、其灋（法）不名耐者、庶人以上耐爲司寇」とある。「司寇」は城旦春の監視や、その他の司法や治安の仕事に従事した。「秦律十八種」（第一四六簡）に「城旦傅堅・城旦春當將司者、廿（二十）人、城旦司寇一人將」とある。司寇は獄史の指揮下にあって捜査に参加することもあった。「奏讞書」案例二二（第二〇七簡）などが参考になる。
〔一〇〕【陶安注】「阡陌」は、田間の小道。「徹」は、一般的に「通」・「達」と訓じる。「徹道」は、「阡陌」と対をなす、「大路」のようなもの。
〔一一〕【陶安注】「徼・迣」は、いずれも「遮」と訓じる。『玉篇』辵部に「邀、遮也」、『説文』辵部に「迣、迾也。晉趙曰迣」、「迾、遮也」とある。「邀迾」とは、遮ること。検閲所を設けて道を通る人を止めること。古代における重要な警戒・巡邏方法の一つであったと見られる。古書では、「遮迾」・「遮列」・「遮迣」などに作る。『漢書』巻七二鮑宣伝に「凡民有七亡。……部落鼓鳴、男女遮迣、六亡也」、顔師古注に「晉灼曰、「迣、古列字也」。師古曰、「言聞桴鼓之聲以爲有盗賊、皆當遮列而追捕」」、馬融「囲棋賦」に「先據四道兮保角依旁、緣邊遮列兮往往相望」とある。「徼」字が巡と訓ずるのも、遮の意味と関連がある。『漢書』巻一九・百官公卿表上に「中尉、秦官、掌徼循京師」、顔師古注に「徼、謂遮繞也」、岳麓秦簡「為吏治官及黔首」（第一九簡）に「徼迣不數」とある。「苛」は、訶に通じ、詰問・追及すること。『周礼』夏官射人に「不敬者、苛罰之」、鄭玄注に「苛、謂詰問之」、『墨子』号令篇に「分里以爲四部、部一長、以苛往來」、『漢書』巻九九王莽伝中に「關津苛留」、顔師古注に「苛、問也。音何」、「奏讞書」（第八一簡）に「丙與發弩贅荷（苛）捕蒼」とある。「視」は、調査すること、調べること。案例三注一三参照。〔案〕陶安注によると、「徼（邀）迣苛視」とは道行く人々を呼び止めて詰問すること。そこで引用されている『墨子』号令篇には、里内の往来者を検閲して不自然な時間に通りかかる者や怪しい者を捕縛するとあるが、「徼（邀）迣苛視」もほぼ同様の行為をさすのであろう。「不劾〈狀〉」はおそらく後段に見える「惡狀」と同義で、挙動不審なことであろう。類似する表現として「無狀」が見え、例えば『漢書』巻三六楚元王伝・劉徳伝に「（劉）徳數責以（蓋長）公主起居無狀」、顔師古注に「無狀、無善狀也」とあるように、不行状のことを「無狀」と呼ぶ事例が散見する（Lau and Staack 2016: 236）。

〔一二〕〔陶安注〕第一五五簡は文意と前後の簡の位置関係、背面の反印文の状況からつなぎ合わせた。簡序験証資料《第二類巻冊結構表》参照。「屍所」二字は文意によって補った。「安」の下の未読字は「宜」字であろう。安・宜は本案例の被害者。

〔一三〕〔案〕図版本は、本句を「殺安等者□【□□】」に作る。陶安は簡の配列を変更し、第一五五簡と第一五三簡を接続したことで、文脈から「殺安等者城【旦】毆（也）」と未読字を補うことができるようになったとする。なお、図版本で未読字を三字としていたのは、第一五五簡を構成する残087に付着していた他簡の墨痕に依拠していたためで、これを変更することは問題ないとする（陶安二〇二〇B、二八四〜二八五頁）。

〔一四〕〔陶安注〕「薄」は、近くに迫ること、接近すること。「潜」は探り測ること、探索すること。ともに案例九注七参照。「都官」は、地方に設置された中央直属機構。「秦律十八種」（第八六〜八七簡）に「縣・都官以七月糞公器不可繕者、有久識者靡蚩之。其金及鐵器入以爲銅。都官輸大內、內受買（賣）之、盡七月而觱（畢）。都官遠大內者輸縣、縣受買（賣）之」、同上（第一八六簡）に「縣各告都官在其縣者、寫其官之用律」とある。「牒書」は、簡牘を使って写すこと。「秦律十八種」（第三五〜三六簡）に「到十月牒書數、上內【史】」とある。

ここでは、城旦が逃亡して衣服などを紛失した状況について詳細に記録することをさす。

〔案〕第一五三簡末尾の「者」字について、図版本の彩色図版・赤外線図版および陶安修訂本の単簡摹本はわずかな残画が確認できるのみであるが、黄傑はその字形を第一五五簡に見える「者」字と比較した上でこれを「者」字と断定し（黄二〇一五、一二〇頁）、陶安修訂本はこれを踏襲している（陶安二〇一六、三四〇頁）。

〔一五〕〔陶安注〕「瞻視」とは、眺めること、見渡すこと。引伸して眺める表情・態度、つまりは目つきをさす。『論語』尭曰篇に「君子正其衣冠、尊其瞻視。儼然人望而畏之、斯不亦威而不猛乎」、『漢書』巻二三刑法志に「五曰目聽」、顔師古注に「觀其瞻視、不直則亂」、「奏讞書」（第二一三簡）に「瞻視應對（對）冣（最）奇、不與它人等」とある。

〔一六〕〔案〕図版本は本句を「言曰、□……」に作る。陶安は、「曰」字の下に見える残画が「大」字に近く、また被疑者である同（本名魏）が自身の身分を答える場面であることから、「言曰、大宮【隷臣同】」と補う（陶安二〇二〇B、二八六～二八七頁）。

〔一七〕〔陶安注〕「大宮」は、官署名であろうが、文献資料に見えず、職掌も未詳であり、待考。一説に、「大宮」は「大官」の誤りか。秦の封泥に「大官丞印」・「大官榦丞」などの「大官」に類するさまざまな封泥が見える（楊広泰『新出封泥彙編』西冷印社出版社、二〇一〇年、0170～0189、1404～1410参照）。また、『漢書』巻一九・百官公卿表上・「秦律雜抄」（第二三簡）

などに見える。少府の属官で、秦の統一後は「泰官」と書かれ、君王の食事を管掌し、さまざまな属官や部署を管轄した。或説に、「大」は成人の意で、「宮隷臣」つまりは「法律答問」に見える「宮隷」か。「法律答問」（第一八八簡）に「可（何）謂宮更人。●宮隷有刑、是謂宮更人」とある。〔案〕張岩岩・鐘意、王偉・孫苗苗は、図版本が本句を「大宮隷臣」と釈読したのに対し、「大官隷臣」と釈読する（張・鐘二〇一四、王・孫二〇一五、六五〜六七頁）。陶安はこれらに一部賛同しつつも、字形分析より「大官」とは釈読できないとした上で、「大官」と書くべきところを「大宮」と誤ったのではないかと推測している（陶安二〇二〇B、二八七〜二八九頁）。

〔一八〕〔陶安注〕「寺従」は、後文では「輸寺従」とも見える。機構名であろう。秦印に「寺従市府」などがあり、秦の封泥に「寺従丞印」・「居室寺従」などが見える。「公」は尊称で、県令などの長官に用いる。『史記』巻五四曹相国世家に「攻秦監公軍、大破之」、司馬貞『索隠』に「公爲相尊之稱也」、岳麓秦簡「三十四年質日」（第二五簡）に「庚申、江陵公歸」、同上（第四六簡）に「辛巳、監公亡」とある。「僕」は、侍従のことで、使役に供される人のこと（案例九注一四参照）。「寺従公僕」とは、寺従の長官の侍従のことであろう。長官に対して尊称を用いているのは、おそらく同（魏）の供述からきたものであり、それが第一五七簡の欠損部分にあたる。〔案〕秦代の封泥に見える「寺従」について、周暁陸・路東之は『詩』

秦風・東隣「寺人」、『周礼』天官寺人などを参考に、王や皇帝の女官を管掌する役所と推測している（周・路二〇〇〇、一四三〜一四四頁）。同じく秦封泥「居室寺従」に見える「居室」とは、宮中建築物の保守点検などを管掌する少府の属官・居室令のこと（加藤一九一八、一二九〜一三〇頁）。以上を踏まえれば、寺従は宮中で何らかの職務を担う機構か。

〔一九〕〔案〕図版本の赤外線図版では「同言類不」の部分が失われている。「讎」は、「秦律十八種」倉律（第一〇四簡）に「縣上食者籍及它費大（太）倉、與計偕。都官以計時讎食者籍」とあるように、実物と書類をつき合わせて確認すること。ここでは、同（魏）の供述を捜査などで得られた書類とつき合わせたが、両者が合致しないことを「不讎」と呼んでいるのであろう。

〔二〇〕〔陶安注〕「覆」は、徹底的に審理すること。「詣」は、官府に護送すること。それぞれ案例八注一一および案例一注四参照。「覆詣」とは、徹底的に審理するために官府に護送すること。〔案〕「覆」は再訊問のこと（籾山二〇〇六、四三〜四八頁）。当時の訊問では、相手が虚言を弄したり、供述を翻したりした場合、幾度も再訊問を行い、それでも真実が引き出せなかったときに初めて拷問を加えるべきとされている（「封診式」訊獄〈第二〜五簡〉）。獄史触等は同（魏）を逮捕拘束した後、その場で即座に訊問を行ったが、彼の供述に虚偽があると疑われたため、「官」（県か）に連行して再訊問を行うことにしたのであろう。

〔二一〕〔陶安注〕「燕城」は、おそらく古書に言う「南燕」の「燕」のことで、現河南省延津県東北にあたる。もとの西周の燕国は、戦国魏の邑であったが、秦が県を置くと、東郡に所属し、漢代に踏襲された。『史記』巻六秦始皇本紀・五年条、「二年律令」秩律（第四六〇簡）など参照。『漢書』巻二八地理志上は「南燕」に作る。〔案〕「燕城」は図版本の釈文では「熊城」に作るが、陳剣は「燕城」と釈し、いわゆる「南燕」に比定し（陳剣二〇一三）、陶安修訂本はこれに全面的に従っている（陶安二〇一六、三四一～三四三頁）。

〔二二〕〔陶安注〕「降」は、投降すること。「秦律雑抄」（第三八簡）に「寇降、以爲隷臣」とある。

〔二三〕〔陶安注〕第一六〇簡以下の供述は第一五九簡の前文と連続せず、欠簡があると分かる。旧著では剝取位置［凡例参照――栖身補］や反印文の分布状況に拠り、ここに一枚の簡が欠しているであろうとして、その編号を「q12」としたが、新たな編綴案ではここに第一六五簡を移した。〔案〕第一六五簡の配列について、陶安は以下のように述べている。すなわち、第一五九簡と第一六四簡の末尾に数文字分の空白が見られ、改行が行われたと分かる。この改行は内容の区切りを示していると思われる。そうすると、本案例は、①被疑者が確保されるまでの経緯（第一五〇～一五九簡）、②被疑者に対する詰問（第一六〇～一六四簡）、③判決と担当官吏の推薦文（第一六六～一七〇簡）という三つの段落から構成されていることになる。第一六五簡は簡の冒頭・末尾を欠くが、被疑者の供述とおぼしき「可（何）解」、「辠

（罪）。毋解」といった語句が見られるので、②の部分に含まれるはずである。そこで、第一六〇簡の前に移動させた、と（陶安二〇二〇B、二九九～三〇〇頁）。

〔二四〕〔陶安注〕「情」は、実情・事実。『史記』巻八高祖本紀に「列侯・諸將無敢隱朕、皆言其情。吾所以有天下者何」、「法律答問」（第一六七簡）に「女子甲去夫亡、男子乙亦闌亡、相夫妻、甲弗告請（情）、居二歲、生子、乃告請（情）」、「二年律令」（第一一〇簡）に「證不言請（情）」とある。

〔二五〕〔案〕甈は、城旦から二銭で「㡀赤帬襦」を購入したと供述している。城旦は原則として家族や財産を没収されるが（宮宅二〇一一、一二六頁）、「秦律十八種」金布律（第九四～九六簡）に「稟衣者、隸臣・府隸之毋（無）妻者及城旦、冬人百一十錢、夏五十五錢」とあるように、金銭を所持することは認められていた。

〔二六〕〔陶安注〕「幐《とう》」は、袋のこと。『説文』巾部に「幐、囊也」とある。〔案〕「囊」の中身の量詞が「盛」である例は漢墓出土の遣策に散見する。例えば、鳳凰山九号漢墓竹簡（第五一簡）に「繡小囊一、盛豆」、鳳凰山一六七号漢墓竹簡（第五四簡）に「繡橐一盛八千金」とある。

〔二七〕〔陶安注〕「施」は、余支の切（yi）で読む。蛇行すること。『孟子』離騷下篇に「蚤起、施從良人之所之」、趙岐注に「施者、邪施而行、不欲使良人覺也」とある。

〔二八〕〔単簡摹本注釈〕赤外線図版では、第一六二簡（清理番号0516）の「舍」字の下が折れ、その左下の小さな残片の正面と背面の画像がまったく同じであるが、スキャン時に反転させるのを忘れたようである。そのため、摹本では「舍」の下の未読字のみカラー図版に拠った。

〔陶安注〕「暮食」は、時称。放馬灘秦簡「日書」乙種（第一八九～一九一簡）では、「日入」と「昏時」の間に位置する。〔案〕陶安注は「莫（暮）食」と読み替えた上で、これを放馬灘秦簡「日書」で言う「日入」と「昏時」の間、つまりは夕方～夜のことと解し、「夕食時」と訳出する。しかし、放馬灘・睡虎地・周家台・孔家坡「日書」などに「暮食」なる時称は確認できず、一方で「日出」と「日中」の間、つまりは早朝～日中（午前九時～正午ころ）を意味する語として「莫食」や「食時」が見える（柿沼二〇二一A、四二～四三頁）。ただし後段によると、魏が被害者宅に侵入した時、被害者三名はみな就寝中であったというから、かなり早い時刻であることだけは推測できる。

〔二九〕〔陶安注〕「寄」の下の未読字残画は当該字の左半分で、下方の筆画は「臣」の形によく似ている。おそらく「藏」字であろう。

〔三〇〕〔単簡摹本注釈〕旧著の第一六三簡（清理番号0512）の彩色図版の下半分は背面を誤って撮影したものであり、摹本の文字部分だけは赤外線図版に拠った。彩色図版の下半分には第一五一簡（清理番号0511）からの反印文「頭頸有」・「殺者」があり、旧著の第二類巻冊結構表は「有」・「者」の二字を脱している。

〔三一〕〔陶安注〕後文では「亡之䰟（魏）」と言い、「邦亡䰟（魏）」と言っていない。第一六六簡でも魏国燕城出身の被告人䰟を「晉人」と称し、「䰟（魏）人」と称していない。おそらく「䰟（魏）」という地名は秦国の魏県をさすのであろう。「編年記」（第一五簡壹）に「（昭襄王）十五年攻魏」、『史記』巻七三白起列伝に「明年（昭襄王一五年）、白起爲大良造、攻魏、拔之、取城小大六十一」とある。また、案例一二注三三参照。

〔三二〕〔陶安注〕「未蝕」とは、未遂のこと。「法律答問」（第六五簡）に「「内（納）奸、贖耐」。今内（納）人、人未蝕奸而得、可（何）論。除」とある。本簡は「未蝕」が奸罪に限らず用いられることを示している。「蝕」は、「食」と読み、祭祀での献享の意味から引伸して到る・実現する意。『左伝』哀公元年に「後雖悔之、不可食已」、上海博物館蔵戦国楚竹書（七）「凡物流形」甲本（第八簡）に「天之畀奚得。鬼之神奚飤（食）」とある。〔案〕「飵（蝕）」は「法律答問」（第六五簡）が初見で、その内容が姦通罪に関するものであったことから、当初は「食」字と同義で、性交を意味すると解された（Hulsewé 1985: 138）。案例一一（第一七一～一八八簡）においても、被疑者の得之が強姦しようとしたものの、「未飵（蝕）」であることをたびたび主張している。対して本案例では、䰟が二度目の強盗殺人を実行しようとして「未飵（蝕）」に終わったと記されているので、確かにこの語は奸罪以外の犯罪にも用いられたことが分かる。陶安は、「蝕」を「食」と読み替える説は採用しつつも、『左伝』哀公元年に「後雖悔之、不可食已」とある一方、『戦国策』秦策三「秦客卿造謂穰公」章に「後雖悔之、不可得也已」とあることなどより、「食」を「得」と同義とした上で、「未食」を「未得」、すなわち「未遂」と解している（陶安二〇二〇B、二九五～二九九頁）。ただし、例えば「法律答問」（第三〇～三二簡）では、住居に侵入するためにカギを抉じ開けるという犯罪が未遂に終わったことを「未啓」と呼び、同じく第四一八簡では国外逃亡が未遂に終わったことを「未出徼」と呼んでいる。つまり、あらゆる犯罪未遂が「未蝕（蝕）」と呼ばれていたわけではない。すると、「未蝕（蝕）」という語そのものが未遂を意味するのではなく、奸罪や強盗殺人罪の成立要件を満たす行為である「蝕（蝕）」（侵入？）が未遂に終わったことを「未蝕（蝕）」と呼んでいるに過ぎない可能性もある。

〔三三〕〔陶安注〕「晉」は、戦国時代の魏をさす。

〔三四〕〔陶安注〕「材」は、性格・資質。「伉」は、強情で横暴なこと。『説文』人部に「健、伉也」、『漢書』巻八三朱博伝に「伉俠好交、随従士大夫、不避風雨」、顔師古注に「伉、健也」、「語書」（第一二簡）に「阬閬强肮（伉）以視（示）强」とある。〔案〕ラウ等は、「伉」字の意味は「剛」字に近いとした上で、『韓非子』八説篇「交争逆令謂之剛材」を引用している（Lau and Staack 2016: 242-243）。八説篇には後段にも「剛材者、令不行也」とあり、「伉」

や「剛」が単に「強情で横暴」というだけにとどまらず、「法令に違反する者」を含意していたことが窺える。

〔三五〕〔陶安注〕「端」とは、わざわざ、故意に。案例六注三三参照。

〔三六〕〔陶安注〕「臞」字は群紐魚部で、おそらく「虞」と読み、騙すことであろう。『左伝』宣公一五年に「我無爾詐、爾無我虞」とあり、洪亮吉は『淮南子』繆称訓の高誘注「虞、欺也」を引く。「虞」はまた一般的に「度」と訓じ、予想する、計画するという意味がある。例えば『詩』魯頌閟宮に「無貳無虞、上帝臨女」、鄭玄注に「虞、度也」とある。騙すの意味は本義から転じたもので、「我虞」とは「私をだます」意と理解できる。本簡の文脈では、「虞」は「令吏【弗】得」の状語となっており、ここではワナを設けて視線を逸らすというような意味とすべきである。〔案〕図版本は本句を「以□令吏【弗】得」に作る。陶安は、本句の内容が前段第一六一簡に見える甈の証言「巳（已）殺人、置死（屍）所、令人以爲殺人者□城旦□毆（也）、弗能得甈」とほぼ対応しているので、本句も「ワナを設けて（官憲の）視線を逸らす」と解し得るとした上で、図版より「臞」字と釈読したとする（陶安二〇二〇B、三〇〇～三〇一頁）。

〔三七〕〔陶安注〕「去」とは、田野より離れること。「邑中」は、田野と相対し、城壁を持つ城鎮・村落のこと。『荀子』富国篇に「入其境、其田疇穢、都邑露、是貪主已」、「二年律令」（第一八二簡）に「越邑・里・官・市院垣、若故壞決道出入、及盜啟門戶、皆贖黥」とある。「市」とは、市官のことであろう。県に所属する機構で、商業区を管轄する。案例四注二一参照。「客舍」とは、旅客に供する宿泊所で、官営の旅館のようなもの。『管子』軽重乙篇に「請以令、爲諸侯之商賈立客舍、一乘者有食、三乘者有芻菽、五乘者有伍養」、『史記』巻六八商君列伝に「商君亡至關下、欲舍客舍。客人不知其是商君也」、里耶秦簡（8-461）に「毋曰客舍、曰賓飤舍」とある。

〔三八〕〔案〕「悍」は、例えば「法律答問」（第七九簡）に「妻悍、夫毆治之、夬（決）其耳、若折支（肢）指・胅筑（體）、問夫可（何）論。當耐」、「封診式」告臣（第三七～四一簡）に「丙、甲臣、橋（驕）悍、不田作、不聽甲令」とあるように、夫や主人の命令を聞かない妻や奴隷に対して用いられる。ここでは前段第一六六簡に見える「材犺（伉）」と同様、法令に従わない凶悪な人物をさすのであろう。

〔三九〕〔陶安注〕「韱」は、「纖」に通じ、細小なこと。『大広益会玉篇』戈部に「韱、細也」、『說文』糸部に「纖、細也」、「為吏之道」（第五簡壹）に「微密韱（纖）察」とある。〔案〕ラウ等は、「韱（纖）微」を「目立たない」・「見えにくい」と解した上で、その用例の一つとして『新書』道術篇「纖微皆審謂之察、反察爲旄」を挙げている（Lau and Staack 2016: 243）。この道術篇では、「纖微」なるものを「審らか」にすることを「察」と評価しているが、本句も「鐵（纖）微」（細か）な手がかりを基に犯人を突き止めた獄史の手腕を評価したものであろう。案例九（第一四八簡）に「洋以智治訮（研）詗、謙（廉）求而得之」、「奏讞書」案例二二（第二二六簡）に「舉闢以智訮（研）詗求得」とあるように、文言は異なるものの、同じく獄史の捜査方法を評価した文言が見える。

〔四〇〕〔陶安注〕前後の文より推測するに、欠字と未読字は「卒史□□卻」で、「□□」は秦の郡名であろう。釈文は「五年、觸與史去疢謁爲卒史、□□卻之」と補える。〔案〕陶安修訂本が補った文言のうち、「卒史」は後段第一七〇簡「任謁課以補卒史」に基づくものであろうが、「卻」と補った理由は不明。里耶秦簡（8-157）に、啓陵郷嗇夫が里典と郵人の増員を要請したのに対して「遷陵丞昌卻之」とあるように、所属機関からの要請を却下するという意味で補ったか。陶安修訂本の補訂と後段（第一六九簡）「觸爲令史廿二歳」によれば、獄史触の経歴は以下のように整理できる。すなわち、荘襄王元年（前二四九年）に令史に就任した後、秦王政五年（前二四二年）に「□□」郡卒史に推薦されるも却下され、同二〇年（前二二七年）に本案例の事件を解決して再び卒史に推薦された、と。なお、「編年記」によると、睡虎地一一号秦墓の墓主・喜は、秦王政三年（前二四四年）に「揄史」、四年（前二四三年）に「□安陸□史」、六年（前二四一年）に「安陸令史」、七年（前二四〇年）に「鄢令史」というように、短期間で南郡属県の令史を転々とした後、一二年（前二三五年）に「鄢」で治獄を担当している。

〔四一〕〔陶安注〕「勞・年中令」は、前文「爲令史廿（二十）二歲、年卌（四十）三」と対応している。「勞・年」とは、功労閥閲と年齢のこと。「秦律雜抄」（第一五～一六簡）に「敢深益其勞歲數者、貲一甲、棄勞」とある。「中令」とは、法律の要求するところに合致すること。

〔案〕秦・漢代の官吏は勤務年数に応じて昇進するのが一般的で、その際には「功次を以て～に遷る（除せらる、補せられる）」と記された（大庭一九八二、五六三頁）。また本案例によると、郡の卒史に就任するには勤務年数以外に一定以上の年齢も必要とされたようであるが、「秦律十八種」内史雜（第一九〇簡）に「除佐必當壯以上、毋除士五（伍）新傅」とあり、「佐」に就任する際にも「壯」以上の年齢が必要であったことが窺える。

〔四二〕〔陶安注〕「課」については、『説文』言部に「課、試也」、「二年律令」（第四七五～四七六簡）に「試史學童以十五篇、能風（諷）書五千字以上、乃得爲史。有（又）以八體（體）試之、郡移其八體（體）課大（太）史、大（太）史誦課、取冣（最）一人以爲其縣令史、殿者勿以爲史。三歲壹并課、取冣（最）一人以爲尚書卒史」とある。

案例一一　懲りない再審請求男（第二類第一七一簡〜第一八八簡）

三浦雄城

通釈

……当陽県の隷臣の得之が再審を請求して次のように言いました。「……棄妻（離縁した妻）の変《はい》を強姦していません。それは達成されませんでした。当陽県は得之を耐して隷臣とすると論罪しました。得之はこの判決に対して再審を請求し、廷尉が再審を行いましたが、得之の証言が正確でないとして、得之を城旦に繫……」と。

●当該裁判（初審と再審）を再調査すると、以下のようでした。変は「得之の妻となり離縁されました。日暮れ時に得之に行き逢いました。得之は変を押し倒し、変と違法な性交をしようとしました。変がそれを拒むと、また変を殴りました」と告発しました。

●変の証言は告発と同じでした。得之は「変を押し倒し、違法な性交をしようとしました」と言いました。その他は変の供述と同じです。

●その審理の結果は「得之は人を強姦しようとしましたが、それは達成されませんでした。以上に間違いありません」となり、（当陽県の）丞の□讙が得之を耐隷臣とすると論罪しました。

●秦王政元年（前二四六年）四月に得之は再審（一回目）を請求して、「変とは一緒に寝ただけで、違法な性交はしていません」と言いました。

●廷史の賜等がこれを再調査しました。

●変は「得之は変を押し倒し、違法な性交をしようとしました。変がこれを拒むと、変を引き倒して殴りました」と言いました。その他は初審と同じです。
●得之は証言を変えて「妾を強姦しようとしましたが、それは達成されませんでした」と言いました。その他は妾の証言と同じです。
●再審の審理の結果は「得之は妾を殴り倒して、強姦しようとしましたが、それは達成されませんでした。再審請求の内容は不正確です」となりました。以上は明白です。
●廷尉はこれに対して「得之を繫城旦六年とする」と回答しました。
●今（二回目の再審）、得之を訊問したところ、得之は「妾に行き逢い、合意の上で性交しました。まだ終わらない内に人の声が聞こえました。すぐに起き上がって、合意の上で一緒に妾の里門内の宿泊所に行きました。得之は……と違法な性交をすることができませんでした」と言いました。その他は再審請求書と同じです。
●妾は「日暮れ時に得之と行き逢い、得之は妾と違法な性交をしようとしました。妾がこれを拒むと、妾を引き倒して、妾を強姦しようとしました。もみ合いになったので、（得之は）妾を殴りました。妾は恐れて、慎重に得之に従って「一緒に妾の里門内の宿泊所に行きましょう」と言いました。里門内の宿泊所に到着すると、顚に逢って、妾と違法な性交をすることができませんでしたので、（得之は）去りました」と言いました。その他は初審・再審と同じです。
顚は「得之が妾を引きずっているのを見かけたところ、妾は顚に「妾を助けて下さい」と言いました。得之は「私には凶暴で答うつのが当然な妻がいます」と言いました。顛は助けずに、立ち去りました」と言いました。（顛は）その他のことは知りませんでした。

雎は「嫳は「得之に行き逢って、得之が嫳と違法な性交をしようとしました。嫳が拒むと、すぐに殴………」と言っていました」と言いました。（雎は）その他のことは知りませんでした。

●得之は証言を変えて「嫳に行き逢い、彼女と違法な性交をしようとしました。嫳は同意しませんでしたので、得之はすぐに嫳を引き倒し、スカートをまくり上げて強姦しようとしました。嫳は得之ともみ合ったので、性交が達成されずにいると、嫳は得之に「一緒に嫳の里門内の宿泊所に行きましょう」と言いました。得之は彼女と一緒に行き、違法な性交をしようとしました。嫳は同意しなかったので、また彼女を殴りました」と言いました。その他は嫳の供述と同じです。

●得之に対して「得之は嫳を暴行しようとして、それが達成されなかったのに、どうして再審を請求したのか」と詰問しました。得之は「吏が得之の実情を知らないことを期待しました。……再審を請求しました。再審請求の内容は正確ではありません。有罪です」と言いました。

●確認したところ、「……再審請求を行いました」ということでした。その他は供述の通りです。

●審理したところ、「得之の再審請求は偽りです」ということでした。以上、明白です。

●当陽県の嗇夫に回答する。当陽県の隷臣の得之が再審を請求して、「……離縁した妻の娈を強姦しておらず、それは達成されていませんが、当陽県は耐刑と論罪しましたので、得之は再審（一回目）を請求しましたが、廷尉はまた繫城旦と論罪しました。いずれも適当ではありません」と言った。

●再審（二回目）したところ、「得之は繫城旦の持ち場から離れて逃亡し、すでに繫城旦一二年と論罪されておきながら、やってきて再審を請求したものの、再審の請求は供述と食い違っていました」ということだった。得之を貴県で繫城旦とせよ。得之を繫城旦六年とし、前の一二年の繫城旦の日数に加えるように。

原文

〼不□與棄妻娈奸未蝕當陽論□〼　一七一（1846）

隷臣得之气鞫廷覆之以得之不審轂得之□□〼　一七二（0453）

●覆視其獄娈告爲得之妻而棄晦逢得＝之＝捽偃娈欲與娈奸娈弗聽有□娈□娈〼　一七三（0442）

得之曰捽揠娈欲與奸它如娈●其鞫曰得之强與人奸未蝕審∠丞□雚論耐得之爲隷臣　一七四（殘119＋0629）

●元年四月得之气鞫曰和與娈臥不奸●廷史賜等覆之●娈曰得之㾓欲與娈奸娈弗聽捽搒毆娈它

如故獄　一七五（残120＋0509）

●得之敀曰欲强與妾奸未蝕它如妾●其鞫曰得之毆屛妾欲强與奸未蝕气鞫不審＝　一七六（0420）

●廷報之毄得之城旦六歲●今訊得＝之＝曰逢妾和與奸未巳聞人聲卽起和與偕之妾里門宿得□
⧄　一七七（0482）

弗能與奸它如气鞫書●妾曰晦逢得＝之＝欲與妾奸　妾弗聽卽捽倍屛妾欲强與妾奸妾與務　一七八（0428）

毆撈妾＝恐卽遂謂得之迺之妾里門宿到里□□⧄　⧄與妾奸卽去它如故獄　一七九（0306＋1832）

顚曰見得之牽妾＝謂顚救吾得之言曰我有妻?勢?□須者毆顚弗救去不智它　一八〇（1820）

雎曰妾言逢得＝之＝欲與妾奸妾弗聽卽毆⧄　一八一（1776）

⧄不智它　一八二（残364）

●得之敀曰逢妾欲與奸妾不肎得之卽捽屛妾揭帬欲强與奸妾與得之務未蝕奸妾謂得之迺之妾里
□⧄　一八三（0441）

得之與偕欲與奸妾不肎有毆之它如妾●詰得＝之＝强與妾奸未蝕可故而气鞫得之曰幸吏不得＝之
請⧄　一八四（0628）

气＝鞫＝爲不審辠毆●問?⧄　⧄气鞫它如辤　一八五（残117＋残103＋残124）

●鞫之得之气鞫不審＝●□當陽嗇夫當陽隷臣□之气鞫曰□□不强與棄婦妾奸未蝕當陽論耐得

之气鞫廷有論毄城旦皆不當●覆之得之去毄亡已論毄十二歲而來气=鞫=不如辤以毄子縣其毄　一八六（0424）

得之城　一八七（0425）

旦六歲備前十二歲毄日　一八八（0429）

（以下、待考残簡）

▨□□□之毄城旦日□□、去亡□己□▨　0620

▨□自气▨　C10.4-8-1

▨□□□□▨　C2-7-3

▨□毄城旦十二□▨　C3-7-2

▨毄六歲▨　C10.1-7-1

校訂文

【……當陽隸臣得之气（乞）鞫曰、「……」】□〔一〕、不強與棄妻妟奸〔二〕。未飭（蝕）〔三〕。當陽論耐【得之爲】隸臣〔四〕。得之气（乞）鞠（鞫）、廷覆之〔五〕、以得之不審、毄（繫）得之城旦【……】〔六〕」。●覆視其獄〔七〕。妟告〔八〕、「爲得之妻而棄。晦逢得之〔九〕。得之捽偃妟〔一〇〕、欲與妟奸。妟弗聽、有（又）毆妟」。●妟【言如告〔一一〕】。得之曰、「捽揠（偃）妟、欲與奸」。它如妟。●其鞠（鞫）

曰、「得之强與人奸、未蝕(蝕)。審」。丞□讙論耐得之爲隸臣。●元年四月〔一二〕、得之气(乞)鞫曰〔一三〕、「和與妾臥〔一四〕。不奸」。●廷史賜等覆之〔一五〕。●妾曰、「得之屏(屛)〔一六〕、欲與妾奸。妾弗聽、捽搒毆妾〔一七〕」。它如故獄〔一八〕。●得之攺(改)曰〔一九〕、「欲强與妾奸、未蝕(蝕)」。它如妾。●其鞫曰、「得之毆屏(屛)妾、欲强與奸、未蝕(蝕)。气(乞)鞫不審」。審。●廷報之〔二〇〕、「毄(繫)得之城旦六歲」。●今訊得之〔二一〕、得之曰、「逢妾、和與奸〔二二〕。未巳(已)、聞人聲。卽起、和與偕之妾里門宿〔二三〕。得之、【□】弗能與奸」。它如气(乞)鞫書。●妾曰、「晦逢得之、得之欲與妾奸。妾弗聽〔二四〕、卽捽倍(踣)屏(屛)妾〔二五〕、欲强與妾奸。妾與務〔二六〕、毆搒妾。妾恐、卽逯(諑)謂得之〔二七〕、「迺(遒)之妾里門宿〔二八〕」。到里門宿、【逢顚、弗能】與妾奸〔二九〕、卽去」。它如故獄〔三〇〕。顚曰、「見得之牽妾、妾謂顚、「救吾」。得之言曰、「我有妻?勢?(傲)悍?須【治(笞)】者毆(也)〔三一〕」。顚弗救、去。不智(知)它」。睢曰、「妾言、逢得之、得之欲與妾奸。妾弗聽、卽毆【……】【……】。不智(知)它〔三二〕」。●得之攺(改)曰〔三三〕、「逢妾、欲與奸。妾不肎(肯)〔三四〕、得之卽捽屏(屛)妾、揭帬(裙)欲强與奸〔三五〕。妾與得之務、未蝕(蝕)奸、妾謂得之、「迺(遒)之妾里門【宿」】。得之與偕、欲與奸。妾不肎(肯)、有(又)毆之」。它如妾。●詰得之、「得之强與妾奸、未蝕(蝕)、可(何)故而气(乞)鞫」。得之曰、「幸吏不得得之請(情)〔三六〕。【□】气(乞)鞫、气(乞)鞫爲不審。辠(罪)殹(也)」。●問?、【「……】气(乞)鞫」。它如辭(辭)〔三七〕。●鞫之、「得之气(乞)鞫不審」。審。●謂當陽嗇夫〔三八〕、當陽隷臣得之气（乞）鞫曰、「□□、不强與棄婦妛奸、未飭（蝕）、當陽論耐、得之气（乞）鞫、廷有（又）論毄（繫）城旦、皆不當」。●覆之、「得之去毄（繫）亡、巳（已）論毄（繫）十二歳〔三九〕、而來气（乞）鞫、气（乞）鞫不如辤（辭）〔四〇〕」。以毄（繫）子縣。其毄（繫）得之城旦六歳〔四一〕、備前十二歳毄（繫）日〔四二〕。

（以下、待考残簡）

【……】□□得之毄（繫）城旦日未備、去亡□己□【……】　0620

【……】□自气（乞）【……】　C10.4-8-1

【……】六歳、不當【……】　C2-7-3

【……】□毄（繫）城旦十二歳【……】〔四三〕　C2-7-2

【……】毄（繫）六歳【……】〔四四〕　C10.1-7-1

訓読

【……當陽の隷臣の得之、鞫を乞いて曰く、「【……】……、強いて棄妻の妛と奸せず。未だ蝕せず。當陽は【得之】を耐して隷臣と【爲】すと論ず。得之、鞫を乞い、廷、之を覆し、得之を以て不審とし、得之を城旦に繫し【……】」と】。●覆して其の獄を視る。妛、告するに、「得之の妻と爲るも棄てらる。晦に得之に逢う。得之、妛を捽偃し、妛と奸せんと欲す。妛、聽《ゆる》さず、又た妾を毆る」と。●妾の【言は告の如し】。得之、曰く、「妾を捽偃し、與に奸せんと欲す」と。它は妾の如し。●其の鞫に曰く、「得之、強いて人と奸せんとするも、未だ蝕せず。審らかなり」と。丞の□讙、得之を耐して隸臣と爲すと論ず。●元年四月、得之、鞫を乞いて曰く、「和して妾と臥す。奸せず」と。●廷史の賜等、之を覆す。●妾、曰く、「得之、屛《けい》し、妾と奸せんと欲す。妾、聽さず、捽して妾を搒毆す」と。它は故獄の如し。●得之、改めて曰く、「強いて妾と奸せんと欲するも、未だ蝕せず」と。它は妾の如し。●其の鞫に曰く、「得之、妾を毆屛し、強いて與に奸せんと欲するも、未だ蝕せず。鞫を乞うも審らかならず」と。審らかなり。●廷、之を報ずるに、「得之を城旦に繫ぐこと六歲」と。●今得之を訊するに、得之、曰く、「妾に逢い、和して與に奸す。未だ已まざるに、人聲を聞く。卽ち起ち、和して與に偕《とも》に妾の里門宿に之く。得之、【……】與に奸すること能わず」と。它は乞鞫書の如し。●妾、曰く、「晦に得之に逢うに、得之、妾と奸せんと欲す。妾、聽さざれば、卽ち捽して妾を踣屛《ほくけい》し、強いて妾と奸せんと欲す。妾、與に務むれば、妾を毆搒す。妾、恐れ、卽ち逐して得之に謂えらく、「適に妾の里門宿に之かん」と。里門宿に到るに、【顚に逢いて】、妾と奸する【能わざれば】、卽ち去る」と。它は故獄の如し。顚、曰く、「得之の妾を牽くを見るや、妾、顚に謂えらく「吾を救え」と。得之、言いて曰く、「我に妻の傲悍にして須《すべか》らく【笞うつ】べき者有るなり」と。顚、救わずして、去る」と。它を知らず。睢、曰く、「妾、言えらく、「得之に逢うや、得之、娈と奸せんと欲す。娈、聴さず、卽ち殴【……】【……】」と。它を知らず。●得之、改めて曰く、「娈に逢い、與に奸せんと欲す。娈、肯んぜざれば、得之、卽ち娈を捽屛し、裙を掲げて強いて與に奸せんと欲す。娈、得之と務むれば、未だ蝕奸せざるに、娈、得之に謂えらく「遒に娈の里門【宿】に之かん」と。娈、得之、與に偕にし、與に奸せんと欲す。娈、肯んぜざれば、又之を殴る」と。它は娈の如し。●得之を詰するに、「得之、強いて娈と奸せんとして、未だ蝕せざるも、何の故にして鞫を乞うか」と。得之、曰く、「吏の得之の情を得ざるを幸《こいねが》う。【……】乞鞫、鞫を乞うも審らかならずと爲す。罪なり」と。●問するに、【「……】乞鞫」と。它は辭の如し。●之を鞫するに、「得之、鞫を乞うも審らかならず」と。審らかなり。●當陽の嗇夫に謂えらく、當陽の隷臣の得之、鞫を乞いて曰く、「……、強いては棄婦の娈と奸せず、未だ蝕せざるに、當陽、耐と論ずれば、得之、鞫を乞うも、廷、又繋城旦と論ず、皆な當たらず」と。●之を覆するに、「得之、繋を去り亡し、已に繋十二歳と論ぜられ、而して來りて鞫を乞うも、鞫を乞うは辭の如くならず」と。以て子縣に繋げ。其れ得之を城旦に繋ぐこと六歳、前の十二歳の繋日に備えよ。

注釈

〔一〕〔陶安注〕「當陽隷臣得之气（乞）鞫曰」の九字は、第一八六簡所見の、郡が当陽県に下達した下行文書から推測して補った。〔案〕第一七一～一七二簡は第一再審請求に対する不審判決であるから、陶安注が補った九字は第一再審請求の冒頭部分となる。

〔二〕〔陶安注〕「棄妻」は離縁した妻のこと。「法律答問」（第一六九簡）に「「棄妻不書、貲二甲」。其棄妻亦當論不當。貲二甲」、「二年律令」置後律（第三八〇簡）に「棄妻子不得與後妻子爭後」とある。「奸」は夫婦関係以外の性行為。「強奸」は暴力により迫って婦女を強姦すること。「二年律令」雜律（第一九三簡）に「强與人奸者、府（腐）以爲宮隸臣」とある。「㚇」は秦印によく見られる文字で、人名に用いられる。「奏讞書」（第二一〇簡）にも見られるが、後世には伝わらなかった。字形は「交」に従い、「于」に従うようである。「尪」の異体かもしれない。後考を待つ。一説に、本字の「交」形は甲骨文にすでに見えているが、実は「黄」形で、「尪」の本字である。ここでは「尪」の義符となっている。〔案〕図版本は「不强?與?棄?妻?㚇奸」と釈していた。陶安によれば、「强」字以外の残画の特徴は明瞭で、第一八六簡等の字跡をふまえると釈文を確定しうる。また「不」字の前に未読字があることがカラー図版で確認できる。さらに「奏讞書」案例一七「故樂人」の文例から推せば、乞鞫書冒頭には一般に乞鞫者の元の身分がくる。すると未読字は身分呼称の最後の字のはずである（陶安二〇二〇B、三〇一～三〇二頁）。陶安注の言う「一説」とは方勇説のこと（陶安二〇二〇B、三〇二～三〇三頁）。方勇は㚇を「交」でなく「黄」に従うとし、「尪」の異体字の「㚇」に隷定する一方、直接「尪」に隷定する可能性も指摘する（方二〇一五）。

冨谷至は、『説文』女部・『詩』斉風載駆・『礼記』坊記篇孔穎達疏から「奸」「姦」「姦淫」を同義とし、漢律で異性間の「姦」は、未婚者間の性的行為でなく、「分界」を超えた交渉（身分・血縁など犯してはならない秩序・慣習・タブーの侵害）としての性的行為をさすとする（冨谷二〇一六、四三九～四七〇頁）。劉欣寧は、秦漢時代の「奸」は専ら男女の私合をさし、「姦」は男女のこととは無関係で、出土資料所見の両字は峻別されているとし、冨谷説を批判する（劉二〇一九、二二六～二二九頁）。夏増民・陳慧は、秦代の棄妻は単独の女戸を形成し、前夫と離れ、子はおそらく棄妻側が扶養したとする。また強姦未遂事件に際しては被害女性の保護に関わる法令はなく、むしろ概して事件化せず、事件化したとしても和姦事件・傷害事件として処理したとする（夏・陳二〇一九、二〇～二五頁）。

〔三〕【案】図版本は「未餘（蝕）」と釈す。陶安は残画の特徴が明瞭で、第一八六簡等の字跡を参考に、釈文を確定させうるとする（陶安二〇二〇B、三〇一～三〇二頁）。「未餘（蝕）」は後文の「未餘（蝕）奸」をさす。「未餘（蝕）」は案例一〇にも見え、陶安注は「未遂」とする。ただし、すべての犯罪未遂が「未餘（蝕）」と呼ばれたわけではなく、「未餘（蝕）」は奸罪や強盗殺人罪などの「餘（蝕）」行為の未遂に限られた可能性もある（案例一〇注三二参照）。ラウ等によれば、本案例の罪は、犯罪を実行しきれなかった点にあり、制定法上の犯罪（不法な性交渉である奸）が不成功に終わった意とする（Lau and Staack 2016: 248-249）。

〔四〕〔陶安注〕「當陽」は秦の県名。『漢書』巻二八地理志上では南郡に属す。治所は現在の湖北省荊門市の西南。「耐爲隷臣」は「耐以爲隷臣」「耐隷臣」ともいう。秦・漢初の律に特有の複合刑の一つ。すなわち耐刑（案例一注五三参照）を科し、かつ身分を隷臣に貶めること（案例四注一四参照）。

〔五〕〔陶安注〕「廷」は廷尉。秦漢中央政府の九卿の一つで、天下の刑獄を司る。「二年律令」具律（第一一六～一一七簡）に「气（乞）鞫者各辭在所縣道、縣道官令・長・丞謹聽、書其气（乞）鞫、上獄屬所二千石官、二千石官令都吏覆之。都吏所覆治、廷及郡各移旁近郡、御史・丞相所覆治移廷」とある。これによれば、廷尉・御史・丞相はみな「都吏」を派遣し、乞鞫案件を「覆治」することがあった。本案例の被告人の得之は計二度の乞鞫を提出し、一度目は廷尉が派遣した「廷史賜」（簡一七五）が覆審し、二度目は前引律文に照らせば、「旁近郡」が派遣した都吏が「覆治」したはずである。〔案〕整理小組注は「廷」について「廷尉」の他に「県廷」の可能性も指摘していた。陶安は、この「廷」が「県廷」である可能性は低いとする。初審を担当した県廷がその乞鞫案件の審理を担当することはありえず、本案例では初審を担当した「当陽県」以外の県は出てこない。また、里耶秦簡は豊富な秦代の文書資料を提供しているが、県廷には「廷史」は出てこない（陶安二〇二〇B、三〇三～三〇八頁）。

游逸飛は、秦王政元年段階では当陽県が廷尉に再審してもらっていることから、このときはまだ郡が属下の県に対する司法権力を持っていなかったと考える（游二〇一五、一一頁）。

「覆」は再審すること（案例二注五参照）。

〔六〕〔陶安注〕「繫城旦」は秦・漢初の有期徒刑。城旦とともに拘禁され、労役に従事する。付加刑として使用される。「法律答問」（第一〇九簡）に「葆子獄未斷而誣告人、其辠（罪）當刑爲隸臣、勿刑、行其耐、有（又）毄（繫）城旦六歲」、「二年律令」具律（第九〇・九一簡）に「有罪者當耐、其灋（法）不名耐者、庶人以上耐爲司寇、司寇耐爲隸臣妾。隸臣妾及收人有耐罪、毄（繫）城旦舂六歲。毄（繫）日未備而復有耐罪、完爲城旦舂」とある。〔案〕後文に「廷報之、毄（繫）得之城旦六歲」（第一七七簡）、「其毄（繫）得之城旦六歲」（第一八八簡）とあるため、ここでの繫城旦の刑期も六年だったか。

〔七〕〔案〕「覆視其獄」は得之が請求した第二再審の開始を意味し、これ以前は第一再審請求の不審判決となる。「視」は実検すること（案例三注一三参照）。「奏讞書」（第九九～一〇〇簡）に「四月丙辰黥城旦講气（乞）鞫、曰、「……」。覆視其故獄。元年十二月癸亥……」とある。「其獄」は初審と第一再審の両方を含むと考えられる。つまり、以下は第二再審で確認された初審と第一再審の内容の要点をまとめたもので、初審と第一再審自体ではない。本案例注五陶安注によれば、その主体は「旁近郡」が派遣した都吏。

〔八〕〔案〕ここの「告」は変の告発証言で、これによって初審が開始されたことを意味する。

〔九〕〔案〕「晦」は、後文に「和與偕之変里門宿」（第一七七簡）、「迺（適）之変里門宿」（第一七九簡）とあり、「月の最終日」でなく「夜」の意であろう。

〔一〇〕〔案〕ラウ等は、「捽」は髪をつかむこと、「偃」は地面に倒すこととする（Lau and Staack 2016: 250-251）。「捽」については、「封診式」（第八四～八五簡）に「爰書。某里士五（伍）妻甲告曰、「甲懐子六月矣、自晝與同里大女子丙鬭、甲與丙相捽、丙債庰甲。里人公士丁救、別丙・甲。甲到室卽病復（腹）痛、自宵子變出。今甲裹把子來詣自告、告丙」」、整理小組注に「捽（音昨）、『説文』、「持頭髪也」」（睡虎地一九九〇、一六二頁）とある。

〔一一〕〔陶安注〕簡末尾の「変」字は簡一八三背面反印文から補って釈読した。「●」と「言如告」は形式と文意から推測して補った。〔案〕簡一八三背面には中央上部に四文字分、下部に三文字分の反印文がある。当該字は位置的に下部のものだが、「変」かは鮮明でない。いま陶安注に従っておく。

〔一二〕〔陶安注〕「元年四月」はおそらく秦王政元年（前二四六年）四月。〔案〕第一八〇簡・第一八五簡に「殹」字が使用されている。大西克也は、「也」を東方諸国の字、「殹」を「也」の秦方言語形とし、「殹」は秦の統一過程で東方に浸透し、遅くとも二世皇帝元年（前二〇九年）に「毆」は「也」に改められたとする（大西一九九八、一九頁）。また第一八五簡に「辠」が使用されているが、秦は統一後に「辠」字の代わりに「罪」字が使用された（案例一注一四参照）。よって本簡の「元年四月」は秦王政元年四月となる。

〔一三〕〔案〕「得之气（乞）鞫曰」から得之の第一再審請求が始まる。

〔一四〕〔案〕「臥」についてラウ等は「横になって寝ること」とし、必ずしも性的な意味合いをもたないとする（Lau and Staack 2016: 252）。

〔一五〕〔陶安注〕「廷史」は廷尉の属吏、つまり廷尉史で、多く外地で「覆獄」等の業務を担当した。『漢書』巻二三刑法志に「今遣廷史與郡鞫獄、任輕祿薄、其爲置廷平、秩六百石、員四人」、顔師古が注に引く如淳の言に「廷史、廷尉史也。以囚辭決獄事爲鞫、謂疑獄也」、岳麓秦簡「秦律令（貳）」（第二六一簡）に「●令曰、「叚（假）廷史・廷史・卒史覆獄乘傳（使）馬、及乘馬有物故不備、若益驂駟者（簡文中に脱文があるようである）」」、「三十四年質日」（第五八簡）に「癸巳、廷史行＝（行行）南」とある。〔案〕整理小組注は「廷史」について「廷尉史」の他に県廷の総務を司る古書には見えない県の属吏の可能性を提出していた。陶安注の解釈はこれを訂正したもの。本案例注五参照。

〔一六〕〔陶安注〕「庰（屏）」の音は渓（xi）。地に倒れる、地に倒すこと。『玉篇』厂部に「庰、倒地」、「封診式」（第八四簡）に「甲與丙相捽、丙僨庰甲」、『古文字譜系疏証』元部に「秦簡屛、讀屛、倒地、捽倒。僨、屛同義連用」とある。

〔一七〕〔陶安注〕「搒毆」は後文の第一七九簡も「毆搒」とし、おそらく殴打する意。『広雅』釈詁に「搒、撃也」、王念孫『広雅疏証』に「搒者、『後漢書』陳寵傳注引『聲類』云、「搒、笞也」。『史記』李斯傳、「搒掠千餘」」とある。案ずるに、文献中の「搒」字は笞打の意で、簡文の用例とは一致しない。〔案〕ラウ等は「搒」を「榜」と同音義で「笞打つ、笞で叩く」とし、「毆」との連語は他に確認できないとする（Lau and Staack 2016: 254）。「二年律令」賊律（第三二簡）に「妻悍而夫毆笞之、非以兵刃也、雖傷之、毋罪」とあり、漢律では夫が妻を「毆笞」する場合が想定されていた。後文で得之から「我有妻勢（傲）悍須【治（笞）】者毆（也）」と説明された目撃者の顚が「弗救、去」（第一八〇簡）としたのは、得之の行為が法的正当性を有していたからか。また前掲「二年律令」に「非以兵刃也」とあり、「毆笞」は笞による動作に限られないようである。本案例の「搒毆」「毆搒」が前掲「二年律令」の「毆笞」と同義なら、殴打（刃物以外の道具による動作を含む）の意と解せる。

〔一八〕〔案〕この「故獄」は初審時の「変」の証言をさす。

〔一九〕〔案〕この「攺（改）」は「証言を改める」意と思われるが、その内容は、第一再審請求時の「姦通して変と寝ようとしたが、強姦はしていない」というものから、「変を強姦しようとしたが、果たせなかった」というものに改めたことをさす。第一再審請求時の偽証によって「气（乞）鞫不審」となった。

〔二〇〕〔案〕「廷報」は「廷に上聞したところ、……との回答を得た」の意（案例一注五四参照）。

〔二一〕〔案〕「訊」は訊問（案例五注九参照）。ここから第二再審が始まる。

〔二二〕〔陶安注〕「和奸」は強奸の対義語で、姦通すること。『唐律』雑律和奸無婦女罪名条に「諸和姦、本條無婦女罪名者、與男子同」とあり、長孫無忌等『疏議』に「和姦謂彼此和同者」とある。姦通はまた配偶の有無で二種類に分類できる。現存の秦及び漢初の律には女性に配偶者がいる際の加重姦通罪のみが伝わっている。「二年律令」雑律（第一九二簡）に「諸與人妻和奸、及其所與皆完爲城旦舂。其吏也、以强奸論之」とあり、「奏讞書」（第一八二簡）に「奸者、耐爲隸臣妾」とあるのは、一般の姦通罪と関連する条文の摘録のようである。「耐爲隸臣妾」という量刑も、ちょうど後続の案例一二の記載と一致する（案例一二注三六参照）。

〔二三〕〔案〕陶安は訳文で「里門宿」を「里門内にある宿泊所」と訳している。ラウ等は「宿」について、郷外や郷門にある宿泊施設とし、動詞の場合は「夜を過ごす」の意とする。『周礼』地官遺人に「凡國野之道、十里有廬、廬有飲食。三十里有宿、宿有路室、路室有委。五十里有市、市有候館、候館有積」とある（Lau and Staack 2016: 256）。ここでは宿泊所の意。

〔二四〕〔陶安注〕「奸」字と「⿱大文」字の間には約二字分の空白がある。「⿱大文」右上角の筆画には欠けがあり、削られた痕跡のようである。ここから「⿱大文」字上の空白部分には元来文字があり、書き損じ等の原因で転写後に削り取られたと推測できる。

〔二五〕〔陶安注〕「踣」は前に倒れること。『説文』足部に「踣、僵也」とあり、段玉裁注に「踣與僕音義皆同」とある。本案例では前後して「捽偃」（第一七三〜一七四簡）、「捽庰（屏）」（第一八三簡）、「捽倍（踣）庰（屏）」（第一七八簡）等の言い方が見られるが、語義は概ね同じである。

〔二六〕〔陶安注〕「務」は文意から判断して格闘の意。力いっぱい反抗すること。『説文』女部に「婺、不繇也」、段玉裁注に「繇者、隨從也。不繇者、不隨從也」とあるのが、本案例の「務」字と関連すると考えられる。

〔二七〕〔陶安注〕「𧨾」は字書では「譃」と互訓だが、ともに古文献には見えず、字義も未詳。簡文によれば、「𧨾」は仮装・ごまかし等の意味になる。「譃」の古音は「詐」と近いため、「詐」と読める。『説文』言部に「譃、譃娽也」、段玉裁注に「按許書有娽無𧨾、故仍之。其義則未聞」、『玉篇』言部と『広韻』燭部に「𧨾、譃也」、『広雅』釈言に「譃、𧨾也」とある。〔案〕整理小組注は「逯」を「謬」と読み、虚偽の意とする。陶安は、「逯」「謬」の古音はあまり近くなく、両者の通用例はないとし、「逯」を「𧨾」と読み、「詐」に読み替える（陶安二〇二〇B、三〇八〜三一〇頁）。ラウ等は「逯」を「蓊」（「蜿」の古字）と釈し、「言葉を濁して」の意に解す（Lau and Staack 2016: 257）。案ずるに、「逯」のままで「謹んで行く」となる。

『説文』辵部に「逯、行謹逯逯也」とある。また董同龢によれば「逯」「娽」は同音で（董一九六七、一五二頁）、『説文』女部に「娽、隨從也」とあり、「娽」には「従う」意がある。よって「妾は恐れ、すぐに従って得之に……と言った」と解せる。

〔二八〕〔陶安注〕「迺（遒）」はおそらく「偕」の意。案ずるに、本簡の「迺（遒）之妾里門宿」と前文の第一七七簡「和與偕之妾里門宿」は対応し、「迺（遒）」と「偕」は動詞の「之」を修飾し、語義は近いと考えられる。肩水金関漢簡（73EJT1: 1）「甘露二年御史書」に「始元二年中、主女孫爲河閒王后、與捐之偤（偤）之國」とあり、「偤（偤）」字と本簡の「迺（遒）」字は声符が同じで、文意も似ているため、同じ語だと考えられる。二者を「偕」と訓ずるのが最も順当であろう。〔案〕「迺（遒）」には「集まる」意がある。『詩』豳風破斧に「四國是遒」、鄭箋に「遒、斂也」、孔穎達疏に「斂聚不流散」とある。董同龢によれば、「遒」は幽部陰声の尤の平声（董一九六七、一三七頁）、「偕」は脂部陰声開口の脂の平声で（董一九六七、二二二頁）、仮借関係ではないが、類似の意味をもつ。「遒」には「迫」「急」の意があるので、「（妾は恐れ、すぐに従って得之に）早く妾の里門内の宿泊所に行こう（と言った）」と解せるかもしれない。『説文』辵部に「遒、迫也」、『後漢書』巻六一黄瓊伝論に「往車雖折、而來軫方遒」、李賢注に「『廣雅』曰、「遒、急也」」とある。ここでは陶安注をふまえ、前説をとる。

〔二九〕〔陶安注〕第一七九簡は文意及び前後簡の掲取位置、反印文の分布の情況によって綴合した。簡序験証資料「第二類巻冊結構表」参照。残欠部の簡文は第一八〇簡と第一七八簡によって補った。

〔三〇〕〔単簡摹本注釈〕第一七九-一簡（306）下方の「里門宿」三字のあたりは簡が縦方向に三片に裂け、撮影時に左側と中間の二片を逆さに並べてしまった。図版本はカラー図版はそのまま収録し、赤外線図版は図像処理を施して可能な限り復元したが、カラー図版は筆画がはっきりしているので、本書摹本ではカラー図版によって全残画を模写し、赤外線図版を参照してその相対位置関係を調整した。

〔三一〕〔陶安注〕「傲悍」は傲慢で凶猛、凶暴で強情なこと。「為吏之道」（第五簡参）に「勢（傲）悍冤暴」、「奏讞書」（第一八一簡）に「勢（傲）悍、完為城旦舂、鐵纇其足、輸巴縣鹽」とある。「須」と「者」の間には「治（笞）」が脱落しているように思える。凶暴な妻に夫が笞を加えることは、「法律答問」（第七九簡）に「妻悍、夫毆治之、夬（決）其耳、若折支（肢）指、胅體（體）、問夫可（何）論。當耐」、「二年律令」賊律（第三二簡）に「妻悍而夫毆笞之、非以兵刃也、雖傷之、毋罪」とみえる。〔案〕図版本は「我□□□□□毆（也）」と釈していた。陶安によると、赤外線図版では「毆」の上二字は「須」「者」のはずで、下方の「白」形も比較的明瞭であり、「我」の下の字は「有」と釈すべきであるとする。さらに陶安は石原遼平の助言を受け、「有」の下は「妻」字で、第三・第四の未釈字を「勢」「悍」とし、「傲悍」は「為吏之道」（第五簡参）・「奏讞書」（第一八一・一八七簡）等、「妻悍」は「法律答問」（第七九簡）・睡虎地秦簡「日書」甲種（第七二簡壹・一〇〇簡壹）・「二年律令」賊律（第三二簡）等に見えるとする。かくして「我有妻?勢?（傲）悍?須者殴（也）」を新釈文として提示したうえで、「須」「者」間には「治（笞）」字が抜けていると推測し、「法律答問」「二年律令」等所見の「妻悍而夫毆治（笞）之」との類似性を指摘する（陶安二〇二〇B、三一〇～三一四頁）。

〔三二〕**〔単簡摹本注釈〕**第一八二簡（残364）下端には編縄痕がある。中央か下部の編縄痕であろう。第一八〇簡（1820）の文例から推せば、「它」字は本簡簡文の最後の一字ゆえ、下端に断簡符号を用いない。**〔案〕**カラー図版では第一八二簡下端に編縄痕らしきものが確認できる。第一八三簡が「●」から始まることもふまえ、陶安注に従う。

〔三三〕**〔案〕**この「攺（改）」も本案例注一九と同様、第二再審請求時の証言を改めた意。この偽証によって第二再審請求も不審となった。

〔三四〕**〔陶安注〕**「肎」は「肯」と読み、応答・同意の意。『玉篇』肉部に「肎、可也。今作肯」とあり、『荘子』養生主篇に「技經肯綮之未嘗、而況大軱乎」とあり、陸徳明『経典釈文』に「肯、『說文』作肎、『字林』同」とあり、「封診式」（第九三簡）に「莫肎（肯）與丙共桮（杯）

器」とある。

〔三五〕【案】「帬（裙）」は裂地を縫い合わせたスカート状の衣服。上半身の衣服を「衣」、下半身の衣服を「裳」という。『釈名』釈衣服に「裙、下裳也、裙、羣也、聯接羣幅也」、「凡服、上曰「衣」、衣、依也、人所依以芘寒暑也。下曰「裳」、裳、障也、所以自障蔽也」とある。

〔三六〕【陶安注】「請（情）」は実情・真情。案例一〇注二四参照。「得情」は実情を察知すること。「封診式」（第一簡）に「能以書從（蹤）迹其言、毋治（笞）諒（掠）而得人請（情）爲上」とある。「情」の下の字は欠けている。下の文字と続けて読む可能性もある。「奏讞書」（第一四五簡）に「實須駐來別籍、以偕捕之、請（情）也。毋它解」とある。

〔三七〕【陶安注】第一八五簡は文意及び前後簡の位置、反印文の分布状況によって綴合した。簡序験証資料「第二類巻冊結構表」参照。

〔三八〕【陶安注】「謂」は文書術語。上級機関から下級機関への指令。里耶秦簡（8-293+8-61+8-2012）に「六月丙午、洞庭守禮謂遷陵嗇夫、㵾署遷陵、亟論言夬（決）。署中曹發。它如律令」とあり、「奏讞書」（第一二一～一二二簡）に「二年十月癸酉朔戊寅、廷尉兼謂汧嗇夫、雍城旦講气（乞）鞫曰、「故樂人、居汧洼中、不盜牛、雍以講爲盜、論黥爲城旦、不當」。覆之、講不盜牛、講毄（繫）子縣、其除講以爲隱官、令自常（尚）」とある。嗇夫は県嗇夫、つまり県令か県長。【案】万栄は、郡の「讞報」の書式は「某郡報某県」形式、廷尉の「廷報」

の完全形式は「廷尉謂某人……」とし、本案例を後者と見て「奏讞書」（第一二一～一二三簡）「二年十月癸酉朔戊寅、廷尉兼謂汧嗇夫、雍城旦講气（乞）鞫曰、「……」。覆之、……」や、案例一二（第二〇五～二〇六簡）「謂巍（魏）嗇夫、重泉隷臣田負斧質气（乞）鞫曰、「……」。覆之……」を例として挙げる（万二〇一五、一五一頁）。しかし、本案例注五によれば、第二再審を担当したのは「旁近郡」が派遣した都吏なので、「謂」の主体は郡守となるようにも思える。陶安修訂本は当該部分を「郡報開頭詞」と整理している。

〔三九〕〔陶安注〕隷臣妾の逃亡は、逃亡期間が満一年以上であれば六年の繫城旦舂に処す。得之の第一再審請求は不審で、「强奸未蝕」の罪は一等が加上されるはずである。隷臣妾は付加刑を使用するため、六年の繫城旦舂に処されていたから、合計で一二年の繫城旦舂が加えられる。「二年律令」亡律（第一六五簡）に「隷臣妾、收人亡、盈卒歲、毄（繫）城旦舂六歲、不盈卒歲、毄（繫）三歲」とある。再審請求が「不審」の場合に罪一等が加えられるのは、「二年律令」具律（第一一四簡）（案例八注一〇参照）に見え、隷臣妾が付加刑「繫城旦舂」を使用するのは、「二年律令」具律（第九〇～九一簡）（本案例注六参照）に見える。〔案〕楊振紅は、第一・第二再審請求の不審でそれぞれ繫城旦六歳が加えられ、合わせて繫一二歳になったと考える（楊二〇一五A、五〇二～五〇六頁）。ラウ等は、得之はまず強姦未遂により隷臣となり、第一再審請求の不審での繫城旦六年に処されたが、逃亡したことでさらに繫城旦六年が加えられ、合計で繫城旦一二年になったとする（Lau and Staack 2016: 261）。案ずるに、「巳（已）論毄（繫）十二歳、而來气（乞）鞫」の「而」を考慮すると第二再審請求以前に繫城旦一二歳になっていたと考えられるため、陶安注やラウ等のように、逃亡罪と第一再審請求の不審による繫城旦一二歳と考える方が自然であろう。

〔四〇〕〔陶安注〕「不如辭」は陳述内容が実際と合致しないこと。「秦律雜抄」（第三五簡）に「冗募歸、辭曰、「日已備、致未來」、不如辭、貲日四月居邊」とある。再審請求が「不如辭」であるのは、「二年律令」具律（第一一四簡）（案例八注一〇参照）の「乞鞫不審」と同じ。〔案〕「辭」とは供述のこと（案例一注四六参照）。

〔四一〕〔陶安注〕「毄（繫）得之城旦六歲」は、得之の第二再審請求が不審であることへの刑。

〔四二〕〔陶安注〕「前十二歲毄（繫）日」は、得之の逃亡罪と第一再審請求が不審であることへの刑。本案例注三九参照。

〔四三〕〔案〕岳麓柒の整理小組注によれば、C10.4-8-1・C2-7-3・C3-7-2の三つの残簡は同一簡に由来するものと思われ、案例一一か案例一二の二つの乞鞫案のいずれかに属すという。案例の順序から、ひとまず案例一一で取り上げておく。

〔四三〕〔案〕当該残簡も繫城旦刑が関わる案例一一か案例一二に属するかと思われるが、繫城旦六歳は案例一一に見えて案例一二には見えないため、ひとまず案例一一で取り上げておく。

案例一二　許されざる役所での密通（第二類第一八九簡～第二〇七簡）

海老根量介

通釈

……重泉の隷臣の田が恐れ多くも再審を請求して申し上げます。「もとの……」。再調査を行い、初審の調書を確認した（ところ、以下の通り）。……。

●今、田を訊問したところ、田が言うには、「市は、田の父の姉の子で、合意の上での密通とはいえ、義理の兄弟姉妹と……密通していません。毋智は田を捕え、田は密通したことを認めましたが、実はまだ密通していませんでした。丞の詔に訴え出て再度審理してくれるよう求めましたが、詔は許可しませんでした」ということです。その他は再審請求書の通りです。

●毋智が言うには、「獄史の相は……明け方に田が来て、市と寝て、……ただちに捕まえて田・市を連行したところ、密通したことを認めました。まだ論罪されていない間に、市の弟の大夫の驩・親戚の走馬の路が後になって毋智に四〇〇〇銭を賄賂として贈り、「（証言を）改めて官吏には田・市を現場で捕えていないと言ってくれ」と要求して言いました。毋智は……銭を受け取りましたが、官吏が気づくことを恐れて、（そのことを）申告せず、銭を返しました」ということです。その他は初審の通りです。

●相が言うには、「市を管理することを担当しています。田がたびたび市と拘置所で密通していることを聞き、毋智に捕えさせました。鞭打ちを加えずとも、田・市は密通したことを認めました」ということです。その他は毋智の言う通りです。

●驩・路が言うには、「市は驩・路に毋智に賄賂を贈らせました。田に知らせたところ、田は「一手に引き受けてやってくれ」と言いました」ということです。その他は毋智の言う通りです。

●田の妻が言うには、「……市……」ということです。その他は田の言う通りです。市の供述は毋智の言う通りです。

●田が言うには、「毋智は田を現場で捕えていません。田を捕えた時、田は密通していませんでした。驩・路は市の言葉を田に知らせ、毋智に賄賂を贈ろうとしました。田は罪を逃れられるのではないかと願い、止めませんでした。市・毋智が（そのように）供述している理由は分かりません」ということです。その他は驩・路および以前の（供述の）通りです。

●爨等の供述は初審の通りです。

●招が言うには、「田を論罪したところ、田は再度審理することを要求しました。招は、「すでに密通したことを認めたものの、今判決が下ったというのに密通していないと言う。田は以前毋智に……し、（犯罪の）実情を変えさせようとして、さらに（再度審理を要求して）罪を重ねようとしている」と言いました。田は命令に従いました」ということです。その他は爨等の言う通りです。

●（皆の）供述が一致しないので、（彼らを）出頭させて訊問しました。供述はそれぞれ以前の通りでした。

相を詰問しました。「母智に田・市を捕えさせたことについて、何か釈明したいことがあるか」。相は、「田・市が役所で密通していたことを怒っていました。他に釈明することはありません」と言いました。

●田を詰問しました。「夏陽の官吏が鞭打ちせずとも、田と市は密通を認めた。今再審の官吏が市を訊問したところ、市の供述は初審の通りであった。田がまだ密通していなかったと言っていることについて、何か釈明したいことがあるか」。田は、「まだ密通していませんでしたが、市の供述を釈明することはできません」と言いました。

●母智／市を詰問しました。「……」。母智／市は「……。他に釈明することはありません」と言いました。

●確認したところ、「驩・路は赦令の出される前に母智に賄賂を贈り、赦令の後に召し出されました」ということです。その他は供述の通りです。

●これについて訊問・審理をしたところ、「田と市は合意の上で密通し、母智が現場で捕えました。田は不服としておりますが、驩・路・母智・市の供述を釈明することができません。田は恐れ多くも再審を請求しましたが不正確です。己巳の赦令に遇いました。その他は赦令の後に発覚しました」ということです。（以上のことは）全て明白です。

●魏の嗇夫に通達する。重泉の隷臣の田が恐れ多くも再審を請求して、「女子の市と密通していないのに、夏陽県が田を耐隷臣とすると論罪したのは、不当である」と言った。

●これを再審した。市は田と合意の上で密通したことを認め、隷臣の母智は（彼らを）現場で捕えた。田は不服とするも、市・母智の供述を釈明することができなかった。これは再審請求したが不正確であることになる。田はあなたの県に繋留されている。繋城旦一二歳に相当するが、己巳の赦令に遇った。田を赦して罪を除き、再び隷臣とするように。書類は重泉・夏陽に送りなさい。

原　文

□泉隷臣□負斧質气鞫曰□□　一八九（残314＋残496）

欠簡一三

●今訊田＝曰市田姑姊子雖與和奸與叚子□□　一九〇（1777）

不奸毋智捕田＝仁奸其實未奸辤丞詔謁更治詔不許它如气鞫書　一九一（0439）

●毋智曰獄史相□……捕《?》□□□□□告《?》□□見《?》任《?》智《?》自《?》內《?》□候旦田來與市臥上□上郎《?》　一九二（0628（2））

□詣田市服仁奸未論市弟夫＝驩親走馬路後請貨毋智錢四千曰更言吏不捕田市校上毋智□

受錢恐吏智不敢自言環錢它如故獄●相曰主治辦市聞田數從市奸毄所令毋智捕弗治諒田市仁　一九三（0445）

一九四（0426）

奸它如毋智●驢路曰市令驢路貨毋智以告田〓曰剸爲之它如毋智　一九五（0430）

☐田妻曰□市□……☐　一九六（殘367）

☐田市言如毋智　一九七（1831）

●田曰毋智不捕田校上捕田時田不奸驢路以市言告田貨毋智錢田幸除毋辠卽弗止不智市毋智

一九八（0437）

云故它如驢路及前●爨等言如故獄●詔曰論坐田〓謁更治詔謂巳服仁奸今獄夬乃曰不奸田嘗□

一九九（0438）

毋智令轉請且有爲?辠田卽受令它如爨等●以言不同詣訊言各如前　二〇〇（0444）

詰相令毋智捕田市可解∠相曰怒田市奸官府毋它解　二〇一（0431）

●詰田∠夏陽吏不治諒田市仁奸∠今覆吏訊市〓言如故獄田云未奸可解∠田曰未奸而毋以解市言　二〇二（0433）

欠簡一四

●問驢路以赦前貨毋智以後遝它如辤　二〇三（0436）

●鞫之田與市和奸毋智捕校上田雖不服而毋以解驩路毋智市言田貣斧質气鞫不審遝己巳赦　二〇四（0435）

它爲後發覺∠皆審●謂魏嗇夫重泉隸臣田貣斧質气鞫曰不與女子市奸夏陽論耐田爲隸　二〇五（0432）

臣不□●覆之市□與田和奸隸臣毋智捕校上田不服而毋以解市毋智言其气鞫不審田毄子縣　二〇六（0434）

當□城旦十二歲遝己巳赦其赦除田復爲隸臣騰?書重泉夏陽　二〇七（0440）

校訂文

【……重】泉〔一〕隸臣田貣斧質气（乞）鞫曰〔二〕、「故〔三〕【……】」。●覆視其獄。……〔四〕】。●今訊田、田曰、「市、田姑姊子〔五〕、雖與和奸〔六〕、與叚（假）子□〔七〕【……】不奸〔八〕」。毋智捕田、田仁（認）奸、其實未奸。辤（辭）丞祒謁更治〔九〕、祒不許」。它如气（乞）鞫書。●毋智曰、「獄史相□〔一〇〕……捕?□□□□□告?□□見?任?智?、自?內?□候?〔一一〕、且田來、與市臥、上□上、即?捕詣田・市、服仁（認）奸〔一二〕。未論、市弟大夫驩・親走馬路後請貣毋智錢四千〔一三〕、曰、「更言吏不捕田・市校上〔一四〕」。毋智【□】受錢、恐吏智（知）、不敢自言、環（還）錢」。它如故獄。●相曰、「主治瓣（辨）市〔一五〕。聞田數從市奸毄（繫）所、令毋智捕。弗治（笞）諒（掠）、田・市仁（認）奸〔一六〕」。它如毋智。●驩・路曰、「市令驩・路貨毋智。以告田、田曰、「剸（專）爲之〔一七〕」」。它如毋智。【●】田妻曰、「□市□……【……」。】【它如】田〔一八〕。市言如毋智。●田曰、「毋智不捕田校上。捕田時、田不奸。驩・路以市言告田、貨毋智錢〔一九〕。田幸除毋（無）辠（罪）、卽弗止。不智（知）市・毋智云故〔二〇〕」。它如驩・路及前。●爨等言如故獄〔二一〕。●昭曰、「論坐田〔二二〕、田謁更治。詔謂、「巳（已）服仁（認）奸、今獄夬（決）乃曰不奸。田嘗□毋智〔二三〕、令轉請（情）〔二四〕、且有（又）爲?辠（罪）」。田卽受令（命）〔二五〕」。它如爨等。●以言不同、詣訊。言各如前〔二六〕。詰相。「令毋智捕田・市、可（何）解」。相曰、「怒田・市奸官府〔二七〕。毋（無）它解」。●詰田。「夏陽吏不治（笞）諒（掠）〔二八〕、田・市仁（認）奸。今覆吏訊市〔二九〕、市言如故獄。田云未奸、可（何）解」。田曰、「未奸、而毋（無）以解市言」。【●詰毋智／市。「……」。毋智／市曰、「……。毋（無）它解〔三〇〕」】。●問、「驩・路以赦（赦）前貨毋智、以後還〔三一〕」。它如辤（辭）。●鞫之、「田與市和奸、毋智捕校上。田雖不服、而毋（無）以解驩・路・毋智・市言。田負斧質气（乞）鞫不審。還己巳赦（赦）。它爲後發覺」。皆審〔三二〕。●謂魏（魏）嗇夫〔三三〕。重泉隷臣田負斧質气（乞）鞫曰〔三四〕、「不與女子市奸、夏陽論耐田爲隷臣、不當」。●覆之。市仁（認）與田和奸、隷臣毋智捕校上。田不服、而毋（無）以解市・毋智言。其气（乞）鞫不審。田毄（繫）子縣〔三五〕。當毄（繫）城旦十二歲〔三六〕、還己巳赦（赦）。其赦（赦）除田、復爲隷臣〔三七〕。騰?書重泉・夏陽〔三八〕。

訓読

【……重】泉の隷臣の田、斧質を負いて鞫を乞いて曰く、「故の【……」と。覆して其の獄を視る。……】。●今田を訊するに、田曰く、「市は、田の姑姊の子、與に和して奸すると雖も、假子と□【……】奸せず。母智、田を捕え、田は奸するを認むるも、其の實未だ奸せず。丞の招に辭して更治することを謁むるも、招は許さず」と。它は鞫を乞う書の如し。●母智曰く、「獄史の相は□……捕□□□□□告□□見任智、自內□候、旦に田來たり、市と臥し、上□上、卽ち捕えて田・市を詣すに、服して奸するを認む。未だ論ぜざるに、市の弟の大夫の驩・親の走馬の路は後に請いて母智に錢四千を貸し、曰く、「更めて吏に田・市を校上に捕えずと言え」と。母智は【□】錢を受くるも、吏知らんことを恐れ、敢えて自言せず、錢を還す」と。它は故獄の如し。●相曰く、「市を治辨するを主《つかさど》る。田數しば市に從い繫所に奸するを聞き、母智をして捕えしむ。笞掠せざるに、田・市は奸するを認む」と。它は母智の如し。●驩・路曰く、「市は驩・路をして母智に貸せしむ。以て田に告ぐるに、田曰く、「專ら之を爲せ」と」と。它は母智の如し。【●】田の妻曰く、「□市□……【……」と】。【它は】田の【如し】。市の言は母智の如し。●田曰く、「母智は田を校上に捕えず。田を捕うる時、田は奸せず。驩・路は市の言を以て田に告げ、母智に錢を貸す。田除かれて罪無からんことを幸《こいねが》い、卽ち止めず。市・

毋智の云いし故を知らず」と。它は驩・路及び前の如し。●爨等の言は故獄の如し。●詔曰く、「論じて田を坐するに、田は更治することを謁む。詔謂う、「已に服して奸するを認むるに、今獄決して乃ち奸せずと曰う。田は嘗て毋智に□し、轉情せしめ、且に又た罪を爲《?》さんとす」と。田は卽ち命を受く」と。它は爨等の如し。●言の同じからざるを以て、詣して訊す。言は各々前の如し。相を詰す。「毋智をして田・市を捕えしむるは、何ぞ解あるか」と。相曰く、「田・市の官府に奸するを怒る。它の解無し」と。●田を詰す。「夏陽の吏、笞掠せざるに、田・市は奸するを認む。今覆吏、市を訊するに、市の言は故獄の如し。田未だ奸せずと云うは、何ぞ解あるか」と。田曰く、「未だ奸せざるも、以て市の言を解する無し」と。【●毋智／市を詰す。「……」と。毋智／市曰く、「……。它の解無し」と】。●問するに、「驩・路は赦の前を以て毋智に貨し、後を以て遝ぶ」と。它は辭の如し。●之を鞫するに、「田と市は和して奸し、毋智は校上に捕う。田は服せざると雖も、以て驩・路・毋智・市の言を解する無し。田は斧質を負いて鞫を乞うも不審なり。己巳の赦に遝ぶ。它は後と爲りて發覺す」と。皆な審らかなり。●魏の嗇夫に謂う。重泉の隷臣の田、斧質を負いて鞫を乞いて曰く、「女子の市と奸せざるも、夏陽、田を耐して隷臣と爲すと論ずるは、當たらず」と。●之を覆す。市は田と和して奸するを認め、隷臣の毋智は校上に捕う。田は服せざるも、以て市・毋智の言を解する無し。其れ鞫を乞うも不審なり。田は子の縣に繫がる。繫城旦十二歳に當つるも、己巳の赦に遝ぶ。其れ赦して田を除き、復た隷臣と爲せ。書を重泉・夏陽に騰《つた》えよ。

注釈

〔一〕〔案〕陶安は冒頭の一字の残画が本案例の「泉」字に一致するとして、この字を「泉」、その上の欠字を「重」とする（陶安二〇一五、五五二〜五五三頁）。陶安修訂本もこれを踏襲している。第二〇五簡には「重泉隷臣田負斧質气（乞）鞫曰」とあり、この箇所と全く同じ表現である。「重泉」については本案例注三四を参照。

〔二〕〔陶安注〕「斧質」は、「斧鑕」にも作り、斧と切り台のことで、古代の刑具である。『漢書』巻三一項籍伝に「孰與身伏斧質」、顔師古注に「質、謂鍖也。古者斬人、加於鍖上而斫之也」とある。〔案〕「負斧質」・「伏斧質」は、『史記』巻五八梁孝王世家「太后泣曰、「帝殺吾子」。景帝憂恐。於是梁王伏斧質於闕下、謝罪、然後太后・景帝大喜、相泣、復如故」、『漢書』巻九八元后伝「車騎將軍音藉槀請罪、商・立・根皆負斧質謝。上不忍誅、然後得已」などの例が見られる。処刑台に身を伏せて許しを請う行為。ただし本案例では、田は耐隷臣とされているように、その罪は明らかに死刑には該当しないし、隷臣が刑具を準備できたかも疑問である。田はおそらく実際に斧質を負うようなパフォーマンスを行ったわけではないだろう。西北辺境出土漢簡などには「叩頭死罪敢言之」といった表現が多く見られるが、「負斧質乞鞫曰」もこれと同様、「恐れながら再審を請求いたします」というような修辞的な言い回しではないか。「二年律令」具律（第一一六簡）には「气（乞）鞫者各辭在所縣道、縣道官令・長・丞謹聽、書其气（乞）鞫、上獄屬所二千石官、二千石官令都吏覆之」とあり、県に申請された乞鞫は書にまとめられ、二千石官に送られた。第一九一簡の「气（乞）鞫書」がそれに当たる。乞鞫書をまとめる際に「負斧質气（乞）鞫曰」という表現が用いられ、官吏が本案例を記録する際にそれをそのまま用いたのであろう。

〔三〕〔陶安注〕第一八九簡の左半分は残欠しており、「故」字はわずかに「攴」旁だけが残っており、文意により補って釈した。「奏讞書」（第九九簡）に「四月丙辰、黥城旦講气（乞）鞫曰、故樂人」とある。

〔四〕〔陶安注〕墨圏と「覆視其獄」の四字は、案例一一により類推して補った。「奏讞書」第九九簡は「覆視其故獄」に作る。〔案〕案例一一では、再審請求を受けて、まず初審が確認されており、本案例においても同様の手順で審理が進んだ可能性は高い。

〔五〕〔陶安注〕「姑姊」は、父親の姉、すなわち父方の伯母。『左伝』襄公一二年の孔穎達疏に「釋親云、「父之姉妹曰姑」。樊光曰、「春秋傳云姑姊妹、然則古人謂姑爲姑姊妹。蓋父之姉爲姑姊、父之妹爲姑妹」。列女傳、「梁有節姑妹、入火而救兄子」。是謂父妹爲姑妹也。後人從省、故單稱爲姑也。古人稱祖父、近世單稱祖、亦此類也」とある。姑姊子は、父方の伯母の子、すなわち父方の従姉妹。〔案〕市は田の従姉妹に当たる。血縁的に近しい者の結婚・密通は、「法律答問」（第一七二簡）「同母異父相與奸、可（何）論。棄市」、「二年律令」雜律（第一九一簡）「同產相與奸、若取（娶）以爲妻、及所取（娶）皆棄市」など、兄弟姉妹についての規定が見えるが、従兄弟姉妹に関しては特に規定が見えない。

〔六〕〔陶安注〕「雖」は、接続詞で、「たとえ……であろうと」。『詩』召南行露に「雖速我訟、亦不女從」、『列子』湯問篇に「雖我之死、有子存焉」とある。案ずるに、本案例の再審中では、田が市と合意の上で密通したことを終始否定していることから、この「雖」が仮定を示すことが分かる。〔案〕この句の解釈については本案例注七も参照。

〔七〕〔陶安注〕「假子」は、義子・養子のこと。『三国志』巻九魏書何晏伝の裴松之注が引く晋・魚豢『魏略』に「太祖爲司空時、納晏母、幷收養晏、……文帝特憎之、每不呼其姓字、嘗謂之爲假子」、「法律答問」（第一九簡）に「父盜子、不爲盜。●今叚（假）父盜叚（假）子、何論。當爲盜」とある。「子」の下の一字は「奸」ではないか。前文で市は田の父方の従姉妹であると称し、ここでは「たとえ彼女と密通したとしても」と述べていることから、ここで田が伝えようとしているのは、田の家が市を引き取って育て、いとこ同士の結婚を準備している、もしくはすでに結婚しており、たとえ彼女と合意の上で密通したとしても、姦通罪にはならない、ということではないか。〔案〕市は田の父方の従姉妹であるから、『魏略』の例のように母の再嫁によって「假子」となったとは考えられない。陶安注の言うように、市が田の家に引き取られて養われた可能性もあるかもしれないが、他の箇所で何も触れられておらず未詳とするほかない。また黄傑は、第一九六簡に「田妻曰」とあることより、田と市の結婚に関する整理小組の推測は成立しないと指摘する（黄二〇一五、一二三頁）。これに対し陶安は、秦漢時代では正妻の他に「下妻」・「偏妻」などがおり、妻がいるからといって再び妻を娶ることがないわけではないと述べるほか、必ずしも田と市が結婚するわけではなく、例えば田の子と市が結婚するはずが、田が市に手を出したような状況も想定できると反論する（陶安二〇二〇C、一六七頁）。ただ、いずれにせよ本案例中で田やその親族と市の結婚に関する内容は全く言及されておらず、陶安注は推測の域を超えない。ここの田の供述の意図は、市と血縁的に近しい関係にあることを強調して、「たとえ合意の上でも、血縁的に近い市と関係を持つことなどありえない」と主張することにあったのではないか。すると、田が市を「假子」と呼んだのもその主張の一環で、「子どもの頃から一緒に育った兄弟同然の子」というくらいの意味なのかもしれない。

〔八〕〔案〕陳松長等は、第一九〇簡と第一九一簡の背面の劃線がつながらず、第一九一簡が案例の概要、第一九〇簡は田と市の親族関係が律令の適用に及ぼす影響を述べていて案例の大筋から遊離しており、両簡の内容がつながらないとする。そして、第一九〇簡は本案例の基本的な内容についての供述の後に移すべきではないかとし、同じく大筋から遊離した第一九六簡の田の妻の供述と関係があるかもしれないと述べる（陳松長二〇一八B、一六二頁）。陶安はこれに対し、第一九〇簡冒頭の「今訊田」はここから再審が始まること、第一九一簡末尾の「它如乞鞫書」は再審請求者である田の再審における最初の供述がここで終わることを示し、田の同一の供述に属するとみて疑問はないこと、現在の竹簡の並びでも文脈が一貫しており、排列を変えるとかえって内容に矛盾が生じること、第一九〇簡の下部は残欠していて背面の劃線が確認できないため、現在の竹簡排列でも前後の劃線と矛盾を生じないことを挙げて反論する（陶安二〇二〇C、一六三～一六六頁）。陶安修訂本の竹簡排列で明確に文意が通らないようには思えないため、ここでは陶安修訂本に従っておく。

〔九〕〔陶安注〕「辭」は、申し立てる・訴えること。案例一注四六を参照。「治」は、治獄・審案。「法律答問」（第一〇六簡）に「可（何）謂家罪。家罪者、父殺傷人及奴妾、父死而告之、勿治」、「二年律令」（第一一三簡）に「治獄者、各以其告劾治之」とある。「更治」とは、改めて審理を行うこと。里耶秦簡（8-1832+8-1418・8-1133）に「令曰、諸有吏治已決而更治者、其罪節（卽）重若益輕、吏前治者皆當以縱・不直論」とある。〔案〕 祒は、夏陽県の丞。第一九九簡の祒の供述によれば、田は判決が下った後に「更治」を求めた。「乞鞫」も判決確定後に刑を不服として再審請求することをさすが、「乞鞫」が二千石官による審理を前提に行われる大掛かりな手続きであるのに対し、「更治」は県内で完結する内部的な審理のやり直しのことをさすようである。

〔一〇〕〔陶安注〕残画と文意から推測するに、「相」の下の字は「令」ではないか。〔案〕陶安によれば、残画と第一九四簡「(相)令毋智捕」との対応関係から「令」字の可能性が高い（陶安二〇二〇C、一六七頁）。

〔一一〕〔案〕後文によれば、毋智は隷臣であり、獄史の相の命で田を捕えた。竹簡の状態が悪く通読できないが、毋智が相の指示で田を捕えるために現場に張り込んだ時の状況を述べたものであろう。なお「封診式」告子（第五〇〜五一簡）・賊死（第五五〜六二簡）・経死（第六三〜七二簡）では「牢隷臣」が令史とともに被疑者の捕縛や現場検証を行っている。本案例において、獄史の指示で被疑者を捕縛している毋智も、牢隷臣なのかもしれない。

〔一二〕〔案〕案例一一（第一七五簡）には「元年四月、得之气（乞）鞫曰、和與奊臥、不奸」とあり、「臥」は単に寝る行為をさし、それだけでは「奸」とはならない。後文の「上□上」が、「奸」に当たるような具体的行為をさしているのであろう。

〔一三〕〔陶安注〕「親」は、親族のこと。「法律答問」（第一二五簡）に「將司人而亡、能自捕及親・所智（知）爲捕、除毋（無）辠」、「二年律令」（第一六〇簡）に「奴婢亡、自歸主・主親・所智（知）、及主・主父母・子若同居求自得之、其當論畀主、而欲勿詣吏論者、皆許之」とある。

「走馬」は、秦の爵名、案例二注三を参照。「貨」は、賄賂を贈る・買収する。『左伝』僖公三〇年に「晉侯使醫衍酖衞侯、甯兪貨醫、使薄其酖、不死」とある。〔案〕陳松長等は「請貨」という語は意味が通らないとし、「未論市弟大夫驩・親走馬路後請（情）」と続けて読み、「（初審で）まだ論罪されていない驩・路の（赦令の）後の（犯罪行為の）実情」という意味に取るべきとする（陳松長二〇一八B、一六三頁）。これに対して陶安は、第一九三簡は毋智が初審当時の状況を振り返る内容で、当時は驩・路の買収行為は発覚しておらず、立案もされていないため、驩・路の「後情」がここで言及されるはずはないとし、この箇所は毋智が証言を改めることを「請」して驩・路が毋智に「貨」したと理解できるとする（陶安二〇二〇C、一六八〜一六九頁）。ここは陶安に従っておく。

〔一四〕〔陶安注〕「捕校上」は、現場で捕獲すること。「奏讞書」（第一八二〜一八三簡）に「（律曰、）捕奸者必案之校上」、同（第一九三〜一九四簡）に「有（又）曰、夫爲吏居官、妻居家、日與它男子奸、吏捕之弗得校上、何論。穀等曰、不當論」とある。〔案〕これらの例によれば、「奸」は現場を押さえることが求められ、そうでなければ罪に問えなかった。「封診式」（第九五簡）にも「爰書。某里士伍甲詣男子乙・女子丙、告曰、乙・丙相與奸、自晝見某所、捕校上來詣之」とあり、「奸」した男女が「捕校上」のうえで連行されている。驩・路が毋智に「捕校上」していないと証言を変えるよう迫ったのは、「捕校上」でないと罪に問えないからである。なお、「校上」がこのような意味を持つことについて、池田雄一は、「交上」に通じ、「奸の現場」と解す（池田一九九七、七五頁）。李天虹等によれば、胡家草場漢簡「詰咎」の「校人室」条には「校人室　凡人若鳥獸・六畜恆校於人之宮、不可去也、是胃（謂）上神相好而下相樂。乃令男女未入宮者毄（擊）鼓・鐃・鉶以譟之、則不敢來矣」とあり、「校人室」・「校於人之宮」の「校」は「交」に読むべきで、「交配」をさし、「未入宮」と対比されているという（李・華・李二〇二〇、五七頁）。この例に基づくと、池田の理解は妥当であるように思われる。

〔一五〕〔陶安注〕「治辨」は、事務を管理する。『史記』巻一二二酷吏列伝に「居官數年、一切郡中爲小治辨、然獨宣以小致大、能因力行之、難以爲經」とある。ここでは隷臣妾などの監督をさす。〔案〕陶安修訂本の語訳には「我是負責監管市的」とあり、市を獄史のもとで管理される隷妾と考えているのだろうか。確かに、「田數從市奸毄（繫）所」とあり、田が市に従って「繫所」（＝被疑者や証言者を繫留しておく場所）に出入りしていること、田・市が捕縛されたとき、「旦田來」とあり、市がおそらく「繫所」にとどまっていて、そこに田が訪ねてきていることから、市が「繫所」と何の関わりもないとは考えにくい。しかし市は一ヵ所「女子市」と記されるのを除いては、その身分・職責などは一切記されておらず、隷妾かどうかは疑問である。ラウ等は「繫所」が第二〇一簡で「官府」と呼ばれていることから、市が被疑者として繫留されているとは考えにくく、それよりも負債や罰金の返済のために作業場で働いていたのではないかと指摘している（Lau and Staack 2016: 269）。ここでは市が「繫所」に関わる何らかの職務についており、獄史の相の管理下におかれていたと考えておく。

〔一六〕〔陶安注〕「笞掠」は、責め打つ・鞭打って拷問すること。「封診式」（第三～四簡）に「詰之極而數訑、更言不服、其律當治（笞）諒（掠）者、乃治（笞）諒（掠）【之】」、「奏讞書」（第一二〇簡）に「吏笞諒（掠）毛、毛不能支疾痛而誣指講」とある。〔案〕「封診式」によれば、鞭打ちによる拷問は、詰問を繰り返しても欺瞞が多く、発言をころころと変える場合に限って用いられるべきであるとされていた。「奏讞書」の例のように、拷問により冤罪が生まれる可能性があるため、やむをえない場合のみ用いるべき最終手段であり、「封診式」（第一簡）にも「治獄、能以書從迹其言、毋治（笞）諒（掠）而得人請（情）爲上。治（笞）諒（掠）爲下。有恐爲敗」とあり、拷問は下策である旨が述べられている。田・市は拷問を加えるまでもなく密通を認めたと相が強調しているのは、冤罪の可能性がないことをアピールするためであろう。

〔一七〕〔陶安注〕「專」は、取りしきる、一手に引き受けること。『礼記』檀弓下篇に「我喪也斯沾、爾專之、賓爲賓焉、主爲主焉」、鄭玄注に「專、猶司也」、『漢書』巻三四彭越伝に「乃拜越爲魏相國、擅將兵、略定梁地」、顔師古注に「擅、專也、使專爲此事」とある。驩と路の供述は責任を逃れようとしているようで、「令」と「専」はそれぞれ市と田が彼らに依頼したことを示す。後文の第一九八簡の田の供述では「弗止」と称しており、逆に讙等に責任を押し付けようとしている。

〔一八〕〔案〕陶安修訂本は、第一九六簡冒頭に圏点を補う。本案例では各人の供述の冒頭に圏点を打って区別しており（ただし、後文の市の供述および相の詰問にはない）、田の妻の供述の冒頭にも圏点が打たれていた可能性は高い。よってここではそれに従う。また陶安修訂本は、第一九六簡末尾に「它如」を補い、第一九七簡冒頭には欠字はないとしている。これは図版本の釈文を踏襲したものであるが、図版本の赤外線図版（編聯図版）では第一九七簡を竹簡の上半分として並べ、カラー図版（単簡図版）でも同様に配置するものの、そこに付した釈文では「☑田市言如毋智」と、上部に欠字を想定している。陶安によれば、第一九七簡を竹簡の下半分と見なし、第二〇二簡と第二〇三簡の間の欠簡箇所に配置すると、背面の劃線がちょうどつながるが、それでは内容面で矛盾が生じてしまうことから現在の竹簡排列としたという（陶安二〇二〇C、一六三〜一六四頁）。第一九七簡の背面下部には編縄痕が見えており、これを本案例に属する竹簡の上・中・下三ヵ所の編縄痕のどれと同一視するかで竹簡の上下配置が変わってくる。陶安自身も第一九七簡を竹簡の上半分と考える現在の配置は必ずしも正確ではなく、当該簡が途中に残欠部分を挟んで第一九六簡の下部に接続する可能性もあるかもしれないと述べる（陶安二〇二〇C、一八一頁）。仮に第一九七簡が竹簡の下半分だとすると、当然その上部は残欠があることになる。また上半分だとしても、赤外線図版（編聯図版）を見る限り、第一九七簡冒頭には二字程度の欠字を想定できる。以上より、ここでは竹簡の配置は陶安修訂本に従うものの、第一九七簡冒頭に欠字を想定し、「它如」は第一九六簡末尾ではなく、第一九七簡冒頭に補う。

〔一九〕〔案〕陶安修訂本は「驩・路以市言、告田貨毋智錢」と句切り、「驩と路は市の言いつけがあったため、毋智に金銭を贈ることを田に知らせた」と訳す。ラウ等は「驩・路以市言告田、貨毋智錢」と句切り、「驩と路は市が彼らに言ったことを田に知らせ、毋智に金銭を贈った」と訳す（Lau and Staack 2016: 269-270）。「以A言告B」という表現は古籍中によく見られる表現であり、ここではラウ等に従っておく。

〔二〇〕〔案〕田は、毋智が田を現場で捕えていないこと、田が「奸」していないことを主張した。「市・毋智云」とは、「田と市が密通しているところを現行犯逮捕された」と供述したことをさすのであろう。

〔二一〕〔案〕爨がどのような人物なのか本案例中に言及はないが、ラウ等は「爨等」を「爨とその同僚たち」と訳しており（Lau and Staack 2016: 270）、官吏を想定しているようである。続く夏陽の丞の詔の供述の末尾が「它如爨等」と締めくくられていることも考えると、「爨等」

は初審を担当した夏陽県の獄吏たちなのかもしれない。

〔二二〕〔案〕図版本は「論坐田」に作るが、陳松長等は、「坐」字とされる箇所は編縄痕の上にあり、汚れではないかとし、「論田」もしくは「論令田」である可能性を指摘する（陳松長二〇一八B、一六三頁）。これに対して陶安は、赤外線図版では確かに汚れのように見えるが、カラー図版では「坐」字がはっきり確認できるとする（陶安二〇二〇C、一七〇頁）。確かにカラー図版では「坐」字が見えている。

〔二三〕〔陶安注〕「嘗」字の中下方には竹簡の小片が貼り付き、「嘗」字の旨旁を覆っている。その出所は未詳。第一九九簡の赤外線図版の簡尾は欠けているが、断面の上にはなおかすかに墨痕が確認でき、「イ」の頭部のようで、あるいは「貨」字の残画かもしれない。〔案〕「嘗」の下の字はほとんど確認できないが、文脈からすれば動詞が入ってしかるべきなので、陶安修訂本に従い、一字分の欠字とした。

〔二四〕〔陶安注〕「轉情」は、古書には見えないが、「轉辭變情」のことではないか。『楚辞』橘頌に「萬變其情、豈可蓋兮、孰虛僞之可長」、注に「蓋、覆也。言讒人長於巧詐、情意萬變、轉易其辭、前後反覆、如明君察之、則知其態也」とある。ここの「轉情」は第一九三簡の「更言吏不捕田・市校上」、すなわち「轉易其辭」して犯罪の事実を改変することをさすのであろう。〔案〕図版本は「令轉□」としていたが、陶安は三字目について「請」であるとし（陶安二〇二〇C、一七二頁)、陶安修訂本もそれを踏襲する。ここではそれに従っておく。すると「田嘗□毋智、令轉情、且又爲罪」の文意は「田が毋智に賄賂を贈って証言を変えさせ、それを頼りにして再度審理を要求することは「また罪を重ねる」行為である」となろう。ところが後文には「驩・路以赦(赦)前貨毋智、以後遝」(第二〇三簡)、「遝已巳赦(赦)。它爲後發覺」(第二〇四〜二〇五簡)とあり、驩・路が賄賂を贈ったことが公式に明るみに出たのは、初審が終了し、赦免が下った後の再審中でのことである(本案例注三一・三二を参照)。すると賄賂の件は初審終了後に招に把握されたが、毋智は結局返金し、証言も変更しなかったために、追及されなかったのではないか。なお岳麓秦簡「秦律令(壹)」(第二二九〜二三〇簡)には「自今以來、治獄以所治之故、受人財及有賣買焉而故少及多其賈(價)、雖毋枉殹(也)、以所受財及其貴賤賈(價)、與【盜同】灋」とあり(岳麓秦簡「秦律令(參)」第一六〇〜一六一簡にもほぼ同文がある)、「今」というのがいつか不明であるが、この令が出されるまでは賄賂を受けても法を枉げなければ罰せられなかった可能性がある。招はこのことを踏まえて驩・路の賄賂の件を初審終了後に知りつつも特に問題としなかったが、田は結局再審を請求したため、再審ではこの件について取り上げざるを得なくなったのかもしれない。

〔二五〕〔陶安注〕「受命」は、命令を聞く・命令に従うこと。ここでは田が招の判決を受け入れることをさす。『呂氏春秋』別類篇に「匠人無辭而對、受令而爲之」とある。

〔二一六〕〔案〕ここでは、供述が一致しないことから、各人を出頭させて訊問している。陶安修訂本が「詣訊」を「収監して訊問する」と語訳するように、証言者は収監されただろう。だが、そもそも「訊」は基本的に対象者を収監した上でなされるので、これ以前の第一九〇～二〇〇簡の各人の供述が収監していない状態で行われたとは考えにくい。以下で述べるように、これには再審の行われている場所が関係しているのではないか。

本案例注二に引用した「二年律令」具律（第一一六簡）によれば、再審請求は県・道の属する二千石官（主に郡をさす）に報告され、二千石官は都吏に命じて再審を行わせた。都吏とは郡吏の一種で、属県の監察などを職務とする（黎・馬二〇〇九、一一〇～一一九頁）。再審請求に応じて開かれたものではないが、里耶秦簡や「奏讞書」には、郡から派遣されてきた卒史によって再審が担当されている例がある（籾山二〇一五、一二八～一四三頁）。再審請求されると郡吏が県に派遣され、県において彼らの担当のもと再審が行われるのであろう。本案例では再審請求が田の繫留されている魏県に出されたと考えられるので、再審は魏県の属する趙郡が担当したことになる（本案例注三三を参照）。ただし、再審が一貫して魏県廷においてのみ進められたわけではなさそうである。趙郡から派遣された属吏は、初審の確認の際は初審が行われた夏陽県に出向いたであろうし（初審の記録を取り寄せた可能性もあるが）、関係者の訊問（第一九〇～二〇〇簡）はおそらく夏陽県において行われたのではないだろうか。そこで各人の供述が一致しないので、関係者の出頭・訊問となったわけだが、ここでいう出頭先は魏県であろう。再審請求をした田はもちろん魏県で収監されているが、他の関係者をも魏県に出頭させ、収監して訊問することにしたのであろう。ここでことさらに「詣」字を加えている意味はこの点にあるのである。しかし、各人を収監して訊問したにもかかわらず、供述内容は以前と変わらなかった。そのため、これ以降各人の詰問が開始される。

〔二七〕〔案〕相は、田・市が官府において密通していたことを怒り、毋智に命じて彼らを捕えさせた。「官府」は「繫所」のことをさすと思われる。

〔二八〕〔陶安注〕「夏陽」は、秦の県名で、『漢書』巻二八地理志上に見える。内史に属し、今の陝西省韓城の南を治所とする。〔案〕「夏陽吏」は、初審を担当した獄史の相等をさす。これにより、事件が発生し、改名した。もとは魏国の少梁の地であったが、秦に入った後に夏陽と改名した。

初審が行われたのが夏陽県であることが分かる。

〔二九〕〔案〕「覆吏」は、「覆」つまり再審担当の吏のこと。趙郡の属吏をさす（本案例注三三参照）。

〔三〇〕〔案〕陶安修訂本はここに毋智か市に対する詰問があったと想定し、このように補っている。

〔三一〕〔陶安注〕「以後」は、赦免より後のこと、前文の「以赦前」と対応する。「遝」は、本義は「及ぶ」である。案例三注一〇を参照。法律用語は多く他動詞であり、「使之及」（これを及ばせる）を表し、つまり召喚する・指名手配すること。「奏讞書」（第一四一簡）に「遝跂未來、未捕」、居延漢簡（193.19+58.17）に「遝　戍卒觻得安成里王福、字子文。敬以遝書捕得福、盜械」とある。あるいは「逮」に作る。岳麓秦簡「三十四年質日」（第六〇簡）に「戊戌、爽會逮江陵」、「奏讞書」（第一五一簡）に「跂來會建【逮】」とある。〔案〕「遝」・「逮」について宮宅潔は「裁判に限らず特定の人物の拘束・護送を然るべき機関に要請する手続き」とする（宮宅一九九八、四五頁）。また、「後遝」の文例は岳麓秦簡「秦律令」にも散見される。例えば「秦律令（壹）」（第七五～七六簡）「取罪人・羣亡人以爲庸、智（知）其請（情）、爲匿之。不智（知）其請（情）、取過五日以上、以舍罪人律論之。廿（二十）年後九月戊戌以來、取罪人・羣亡人以爲庸、雖前死及去而後遝者、論之如律」によれば、罪人や亡人を傭人とすることについての律は「二十年後九月戊戌」より施行されたようであるが、施行以前に傭人とした罪人や亡人が死亡していた場合や、すでに雇い主のもとを去っていたが、施行後に「遝」された場合も、律が適用された。この「遝」は「指名手配する」、「出頭要請する」、「逮捕する」などを広く包含した意味であるように思われる。本案例においては、再審の過程で驩・路が訊問されていることから、「召喚する」の意味に解しておく。なおラウ等はこの「遝」を「赦令の対象となる」の意味とするが（Lau and Staack 2016: 272）、採らない。

〔三二〕〔案〕以上の各人の供述・情報照会の結果、次の事実が確認された。「田と市が密通し、毋智が現行犯逮捕した。田は罪を認めてはいないものの、驩・路・毋智・市の供述を釈明できなかった。田は再審請求したが、不正確であった。田は己巳の赦令に遭遇している。その他のことは後になって発覚した（它爲後發覺）」。このうち「它爲後發覺」の「爲後」とは、「赦令の後」のことであろう。赦令の後に発覚したことについて、ラウ等は市の親族による賄賂がそれに該当する可能性を指摘している（Lau and Staack 2016: 272）。再審で新たに発覚し、かつここに述べられていないのは、驩・路が毋智を買収しようとしたことであるから、おそらくその可能性は高い。その証拠に、第二〇三簡では驩・路は赦令の後に召喚されたとある（本案例注三一参照）。驩・路の買収は毋智の供述により初めて明らかになり（ただし夏陽の丞の紹は初審終了後に把握していたようである。本案例注二四を参照）、それで彼らは召喚され、供述を行った。

〔三三〕〔陶安注〕「魏」は、秦の県名で、今の河北省大名県西南の魏城を治所とする。『漢書』巻二八地理志上によれば、漢の高祖が魏郡を置き、魏県があり、都尉の治所となった。本簡により秦にすでに魏県があったことが分かる。また案例一〇注三一を参照。〔案〕漢の魏県が置かれた一帯は、李暁傑によれば戦国時代は趙に属しており（周・李二〇〇九、五六一頁）、邯鄲からも遠くない。秦王政一九年（前二二八年）に秦は邯鄲を落として趙を滅ぼしているため、魏県が置かれたのはこの前後ということになる。この場合、本案例は秦王政一九年より後の出来事と考えられる。これに対して、后暁栄は、「編年記」（第一五簡壹）「（秦昭襄王）十五年、攻魏」、『史記』巻七三白起王翦列伝「明年（昭襄王一五年）、白起爲大良造、攻魏、拔之、取城大小六十一」を挙げ、これらの記述の「魏」は通常は魏国をさすと考えられているが、「編年記」の地名は全て県邑であることや、「拔之」という表記から、「魏」は城名と考えるべきとし、ここで言う魏県は魏に属す県とする（后二〇〇九、三四七頁、后二〇一三、九〇頁）。この場合、魏県は昭襄王一五年（前二九二年）に早くも設置されていたことになる。ただし、『史記志疑』が指摘するように、『史記』巻一五・六国年表秦昭襄王一八年条に「客卿錯擊魏、至軹、取城大小六十一」とあるほか、巻七三白起王翦列伝には上記の記述に続いて「明年、起與客卿錯攻垣城、拔之」とあり、巻五秦本紀には「十五年、大良造白起攻魏、取垣、復予之」とあるなど、記述に混乱がある。そもそも、これらの記述で攻められている軹・垣は魏の西境に近く、その攻撃の際に魏もしくは趙の東境に位置する魏県まで秦が攻め寄せたとは考えにくい。また、漢の魏県一帯は、譚其驤によれば秦代後期には邯鄲郡に属す（譚一九八二、九〜一〇頁）。一方、周暁陸等は秦が趙を滅ぼした後に趙郡を設置し、統一後に趙地には改めて邯鄲郡・鉅鹿郡などが置かれたとする（周・路二〇〇〇、二五五頁）。后暁栄は魏県を邯鄲郡に属するとするが、趙郡・邯鄲郡の関係については周等の説に従う（后二〇〇九、七四～七五頁）。以上より、魏県は統一前には趙郡に属していたと考えられる。本案例の年代は未詳だが、「為獄等状四種」に含まれる案例は大半が統一前のもので、中でも第二類は統一前の抄写である可能性が高い（案例九注二七参照）。よって本案例も統一前のもので、魏県に指示を出しているのはその上級の趙郡であると考えておきたい。なお水間大輔は、第二類が新しい案例から古い案例へ向かって排列されていたとの考えのもと、本案例は秦王政元年の事案とされる案例一一よりも前のものと推定し、このとき漢代の魏県の地は秦の支配下になかったゆえ、本案例の魏県はそれとは別の地であり、どの郡に属していたかも未詳とするが（水間二〇一七、六五六頁、六七四頁）、陶安注が指摘するように、第二類の各案例の順序は年代と無関係の可能性があり（案例八注一を参照）、ここでは従わない。

〔三四〕〔陶安注〕「重泉」は、秦の県名で、『漢書』巻二八地理志上に見える。内史に属し、今の陝西省蒲城県南の重泉村を治所とする。前文の魏県は拘留地、後文の夏陽県は初審が行われた地で、重泉は戸籍の所在地ではないか。もう一つの可能性は、重泉は「署された所の地」、つまり初審において耐隷臣という判決が下って以降に配属された服役地で、魏は逃亡した後に逮捕・拘留された地である。〔案〕「二年律令」戸律（第三〇七簡）「隷臣妾・城旦舂・鬼薪白粲家室居民里中者、以亡論之」によれば、隷臣以上の刑徒は民の居住地に住めず、戸を形成できないので、「戸籍」が残っていたかどうかは検討の余地がある。刑徒の名に地名を冠した例は「奏讞書」案例一七に見える。この案例は、毛が汧県で牛を盗み、売りに行った雍県で逮捕された事件で、裁判は雍県において行われ、講が毛と共謀したとして罪に問われ、黥城旦となった。その後、講は再審を請求し、無罪を勝ち取るが、第一二一簡に「雍城旦講气（乞）鞫曰、故樂人、居汧酟中」とあり、「雍城旦講」と表記されている。しかし講は事件発生時は汧県に住んでいて（居汧酟中）、判決後も汧県に繫留されていた（本案例注三五参照）。陶安は「奏讞書」案例一七においては雍が講の服役地で、講は身寄りのある汧に逃亡してそこで再審を請求した可能性を想定し、同様に本案例においては重泉が田の服役地で、逃亡した先の魏において再審を請求した可能性を想定するが（陶安二〇二〇C、一七四～一七五頁）、両案件ともに審理の過程で逃亡について全く言及されないことは疑問が残る。特に講の場合は無実を勝ち取っているが、逃亡については全く不問に付されたのだろうか。むしろ、「雍城旦」とは、初審が行われた場所を「城旦」に冠したものと考えるべきではなかろうか。劉欣寧はこの例などをもとに、刑徒は戸籍から削除され、判決地が刑徒の身元表記として使われたとする（劉二〇一二、二三～三一頁）。しかし、本案例では判決地は夏陽であるのに「重泉隷臣田」と表記されており、劉説は再考を要する。思うに城旦舂は刑が確定すると家族や財産が「収」の対象となるので、本籍地を喪失し、判決地で身元を表すのではないか。これに対して隷臣妾は、一般の居住区画には住めないとはいえ家族や財産は没収されずに残されている。そのため戸籍自体は削除されたとしても、家族の戸籍に付される形で何らかの記録が残っていた可能性がある。本案例では第二〇六簡に「田繫子縣（＝魏県）」とあることより、田は魏県に繫留されている（本案例注三五参照）。従って、「重泉隷臣田」の「重泉」とは、繫留地でも初審が行われた場所でもない。また、第一九六簡では田の妻が訊問されており、居住地は不明ながら田に妻がいたことが確認できる。すると「重泉」とは、家族の戸籍の所在地であり、田の記録がそこに残されていたと考えられる。

〔三五〕〔案〕「田縠（繫）子縣」は、「奏讞書」案例一七（第一二二簡）に「講縠（繫）子縣、其除講以爲隱官」とあり、同じ文型が見える。再審請求の末に冤罪を晴らした講は現状「あなたの県に繫留されている」（講繫子縣）が、刑を除いて隠官とせよ、とのことである。すると本案例でも、「田はあなたの県（魏県）に繫留されている」という意味で、田の現状を述べたものと解される。なお案例一一にも「以縠（繫）子縣」という類似の語句が見えるが、この場合は得之の再審が不正確であったことを受けて、「それゆえあなたの県に繫留する」の意味である。本案例とは意味が異なることに注意したい。

〔三六〕〔陶安注〕「奏讞書」（第一八二簡）の記述によれば（案例一一注二二を見よ）、和姦罪は耐隷臣妾に処され、また「二年律令」（第一一四簡）の規定によれば（第二類表題注三を見よ）、

「乞鞫不審」は罪一等を加え、両者を合わせれば耐隷臣妾の上で繫城旦舂六歳にしかならない。このため、田の身分は和姦を犯した際にすでに隷臣であったようだ。「二年律令」（第九〇簡）によれば［原書では「「得之強与棄妻奸案」注〔八〕を見よ」とあるが、注番号誤りか――海老根補］、隷臣妾に耐罪があれば、繫城旦舂六歳とされ、乞鞫不審であればまた一等を加え、さらに繫城旦舂六歳となり、合わせて繫城旦舂十二歳となる。もう一つの可能性は、田は先に和姦により耐隷臣と判決が下され、重泉に配属されて服役していた。のちに逃亡し、魏県において逮捕拘留され、そのため魏県において乞鞫を行った。もしそうであれば、逃亡罪（一年以上）の法定刑は「繫城旦舂六歳」であるから（「二年律令」第一六五簡）、和姦罪と乞鞫不審罪を合わせて、耐隷臣の上で繫城旦舂十二歳に処される。〔案〕陶安注の指摘通り、「奏讞書」（第一八二簡）「奸者、耐爲隷臣妾」、「二年律令」具律（第一一四簡）「气（乞）鞫不審、駕（加）罪一等」によれば、田は耐隷臣繫城旦六歳となるはずであるが、本案例では繫城旦十二歳とされている。第二〇五～二〇六簡に「夏陽論耐田爲隷臣」とあり、初審では田を「耐隷臣」に論罪したと明言されているので、田が最初から隷臣であったと考えるのは難しいのではないか。陶安注の挙げるもう一つの可能性は、田が魏県へ逃亡したことを前提とする考えで、確かにこれだと年数の辻褄は合うが、逃亡先において再審請求したのであれば、なぜそのような審理に直接関わる事柄について本案例で全く言及されないのか疑問である（本案例注三四も参照）。ただ、田が繫留中に別の事案に抵触して、すでに繫城旦六歳を加えられており、さらに再審不正確で一等加えられ、繫城旦十二歳となった、と考えること自体は可能であるかもしれない。すなわち、田の抵触した罪は直接本案例に関係するようなものではなく、よって本案例においては言及されていないのではないだろうか。

〔三七〕〔案〕田は赦令の適用対象となったが、罪を許された上で改めて隷臣とされている。「問」や「鞫」において、関係者が召喚されたり事実が発覚したりしたのが赦免の前か後かをはっきりさせていることから、この判決も赦免の前か後かが関わっているのであろう。すなわち、再審の最中に赦免が下ったため、田は密通の罪である耐隷臣については赦免されることになる。しかし、再審不正確は赦免の後に確定した行為であるため、その罪は赦免されず、追及対象となる。本案例注三六で見た通り、再審不正確は罪一等を加えるが、この場合、一等を加える前の元の罪が除かれてしまったため、元の罪を適用して再び隷臣としたのではないだろうか。

〔三八〕〔陶安注〕「騰」は、伝送する、文書中では多く文書を伝送することをさす。『説文』馬部に「騰、傳也」、『儀礼』燕礼に「媵觚于賓」、鄭玄注に「今文媵皆作騰」、「封診式」（第七簡）に「當騰、騰。皆爲報」とある。騰書は、文書を伝送すること。『後漢書』巻一三隗囂列伝に「因數騰書隴蜀、告示禍福」、里耶秦簡（8-647）に「巳（已）騰書沅陵」、「奏讞書」（第一二三簡）に「騰書雍」とある。伝送する前にはあるいは書き写す必要があり、騰は実のところ写しを取って送ることと同じである。〔案〕図版本は冒頭二字を「騰《?》詣《?》」とする。陳偉は、「謂巍（魏）嗇夫」以下の内容が上級機関の讞書に対する返答として「奏讞書」案例一七の最後の一段「二年十月癸酉朔戊寅、廷尉兼謂汧嗇夫。雍城旦講气（乞）鞫曰、故樂人、居汧畦中、不盗牛、雍以講爲盗、論黥爲城旦、不當。覆之、講不盗牛。講毄（繫）子縣、其除講以爲隱官、令自常（尚）、畀其於於。妻子已賣者者、縣官爲贖。它收已賣、以賈（價）畀之。及除坐者貲、貲已入環（還）之。騰書雍」と類似しているとする。そこでは、奏讞をした県に返答をすると同時に、返答内容を関係する機関に知らせている。ここに見える「騰書」は常見される文書用語で、「書き写して送る」の意味である。そして「騰詣」はこれまで見られない表現であることから、当該箇所も「騰書」とするのが良いだろうとしている（陳偉二〇一五Ｂ、五〇四頁）。「奏讞書」案例一七や本案例は、上級機関への奏讞とそれに対する返答ではなく、再審請求を受けて行われた再審とその判決・指示と解すべきであるが、図版本が「騰《?》詣《?》」とする二字を「騰書」に読むべきとする指摘は首肯される。陶安も陳偉の意見に従って「騰《?》書」と字釈を改め（陶安二〇二〇Ｃ、一七六～一七八頁）、陶安修訂本もそれを踏襲する。「騰書」は、彭浩・陳偉・工藤元男は「謄」に読み、抄録の意味とする説と、「騰」が『説文』馬部に「傳也」とあることから、「傳書」の意味とする説を併記する（彭・陳・

工藤二〇〇七、三六三頁）。ここでは後者に従っておく。すなわち、趙郡は魏県に、重泉県・夏陽県にもこの文書を送るよう命じたのである。

案例一三　禁苑中での事件（第二類第二〇八簡～第二〇九簡）

三浦雄城

通釈

……離れ、楊台苑の水草・藻の除去作業従事者のところへ行きました。士伍の善・公士の定・公卒の良……と聞きました。……中、作業場所を離れ、数日後再び作業に戻りました。

●確認したところ、「善・定・良・獾は作業場所を離れ……」とのことです。

原文

〼去之楊臺苑中除芝徒所聞士五善公士定公卒良□〼　二〇八（1829）

〼中去作所數日復作●問善∠定∠良∠獾∠去作〼　二〇九（1823+C10.1-14-3）

校訂文

【……】去、之楊臺苑中除芝徒所〔一〕。聞士五（伍）善・公士定・公卒良□【……】【……】中去作所〔二〕、數日復作〔三〕。●問、「善・定・良・獾去作【……」】〔四〕。

訓読

【……】去り、楊臺苑中の除芝の徒の所に之く。聞くならく士伍の善・公士の定・公卒の良……【……】【……】中、作所を去り、數日にして復た作す。●問するに、「善・定・良・獾は去作【「……」と】。

注　釈

〔一〕〔陶安注〕「楊臺苑」は秦の苑囿の一つか。鳥獣を集め育てて秦王・皇帝の遊興に供する園林の一つ。地理的位置は未詳。『呂氏春秋』重己篇に「昔先聖王之爲苑囿園池也」、高誘注に「畜禽獸所、大曰「苑」、小曰「囿」」、『史記』巻八高祖本紀に「諸故秦苑囿園池、皆令人得田之」とある。秦の封泥に「楊臺苑印」がある。陳暁捷・周暁陸「新見秦封泥五十例考略――為秦封泥発現十周年而作」（西安碑林博物館編『碑林集刊』一一、陝西人民美術出版社、二〇〇五年）序号一七参照。〔案〕陶安注は荘小霞説に基づく（陶安二〇二〇C、一七九頁）。荘小霞は陶安注所引陳・周論文をふまえ、さらに「秦人は西部辺陲に興起し、養馬射猟の風があり、関中に入って秦王朝を成立させた後、多くの苑囿を開拓した」という億里説をもふまえ（億一九九六、一〇一頁）、「楊臺苑」を秦の苑囿の一つとする（荘二〇一三A）。王偉・孫苗苗は「為獄等状四種」全案例が秦の南郡各県のものゆえ、楊台苑も秦の南郡に位置し、少なくとも関中にはなかったとするが（王・孫二〇一五、六二〜六三頁）、案例九には内史に属する櫟陽・高陵が見える一方、南郡所属の県は見えず、内史における案例と思われるため、「為獄等状四種」全案例が秦の南郡各県のものというわけではない。「秦律十八種」傜律（第一一五～一二四簡）には県による禁苑管理の様子がみえ、禁苑は垣で囲われ、馬牛等が放牧され、県が徭を動員して垣や築山の補修を行っていたとわかる。「除芝」は水草を除去すること。案例九注七参照。ここでは禁苑内の池に生えた水草や藻の除去作業のこと。

〔二〕〔案〕「去作所」は、本案例に登場する善・定・良らが非労役刑徒ゆえ、徭役や居作をサボタージュして持ち場を離れる意であろう。「二年律令」興律（第四〇一簡）に「已?繇（徭）及車牛當繇（徭）而乏之、皆貲日十二錢、有（又）賞（償）乏繇（徭）日、車〼」とあり、従事すべき徭役に従事せず、もしくは徭役代わりの車牛を官府に納めなかった場合、毎日一二銭を罰として科し、さらにその日数分、徭役に従事させられる。岳麓秦簡「秦律令（壹）」（第六六・六七簡）に「十四年七月辛丑以來、諸居貲贖責（債）未備而去亡者、坐其未備錢數、與盗同灋。其隷臣妾毆（也）、有（又）以亡日臧（贓）數、與盗同灋」とあり、居作をサボタージュした場合、未納金額分の窃盗罪に当てられた。

〔三〕〔案〕ラウ等は、作業場所を数日離れてまた戻ってきた善等の行動は「將陽」とみなされた可能性があるとする（Lau and Staack 2016: 247）。「將陽」は一年未満の逃亡。「邦亡」「闌亡」よりも軽微。一年未満は「將陽亡」、一年以上は「闌亡」（案例六注四参照）。岳麓秦簡「秦律令（壹）」（第九一簡）に「闌亡盈十二月而得、耐。不盈十二月爲將陽、毄（繫）城旦舂」、岳麓秦簡「秦律令（壹）」（第二五三・二五四簡）に「繇（徭）律曰、「發繇（徭）、自不更以下繇（徭）戍、自一日以上盡券書、及署于牒、將陽倍（背）事者亦署之、不從令及繇（徭）不當券書、券書之、貲鄉嗇夫・吏主者各一甲、丞・令・令史各一盾」とあり、興徭役時に将陽者がいれば牒に署せとある。徭役中の逃亡も「亡」とみなされた可能性がある。

〔四〕〔案〕岳麓柒の整理小組注によれば、案例一三に属す。カラー図版撮影時、この簡はまだ209/1823簡と分離しておらず、赤外線図版撮影時には落剝していたという。

案例一四　大胆不敵な身分詐称（第三類第二一〇箇～第二三六箇）

柿沼陽平

通釈

秦王政二二年（前二二五年）八月九日に、胡陽県丞の唐が判断を仰ぎます。四月二一日に、県丞の熁《そう》がこうのべました。「君子の子の癸《き》が、舎人とともに南陽郡にやってきて耕作しようと考えております。母択が……（癸に命じて）二万銭・種籾・食糧を胡陽県から借りさせ、それによって耕作させるつもりです」と。書信を開封したところ、書信はニセモノのようでしたので、（癸を）官に繫留いたしました。また（癸は）私信を偽造し、（胡陽県の役所に）持参して……（そこで胡陽県では）すぐに立件・審問して事情を究明しました」と。

●癸はこう言いました。「（癸は）馮毋択将軍の仮子《かし》であり、母は毋択の捨妻《しやさい》（離縁された妻）です。毋択は癸に種籾・食糧を借りさせ、それによって耕作させようとしたのです。偽文書を作ったのではありません。……仮子……」と。そのほかは熁の言うとおりです。

●癸の私信を検査したところ、そこにはこうあります。「五大夫の馮毋択は恐れ多くも胡陽県丞さまにおたずねいたします。聞くところでは、南陽郡の土地は田畑に向いており、県官の収入になっているとか。臣（馮毋択）はいまや老いました。癸は人とともに耕作に従事することになりましたが、銭や種籾をもっていません。どうか胡陽県丞さまにおかれては、二万銭・食糧を彼にお貸しくださり、一年間（の支出）をお支えください。実りが熟したあかつきには、二倍にしてお返しいたします。この手紙をつき返すことはなさいませんように。つき返すならば、毋択は胡陽県丞さまのために（中央政府で）奔走することができなくなります。もし県丞さまが胡陽県公とともに毋択のことを心に止めてくださるなら、毋択にお返事をください。恐れ多くもこのことを申し上げます」と。（癸は）廷史の利に封緘を委託しています。また（癸は）こうのべました。「馮将軍の子であるわたくし癸は、恐れ多くも胡陽県公に申し上げます。老父（馮毋択）は癸に、南陽郡で耕作し、（その際に南陽郡の）種籾・食糧・銭を元手とするようにと言い、そのために私信を書いてくれました。癸は、新野県において耕作し、新野県丞さまは幸いにして癸に銭と食糧一年分を貸してくれました。（新野県の）少吏のなかには癸を譴責する者はおりませんでした。（もっとも、）いま胡陽県丞の矰は……「癸は馮将軍の子ではない」と言っております。癸は秦中におり、名は聞こえております。思うに、……ではありません。癸は、生まれは賤しいとはいえ、人の能力をはかって、よく人材を登用でき、よく人にへりくだります。胡陽県公におかれましては、少吏に癸のことを告知し、私信をつき返すのをやめさせてください」と。

●いま□が舎人の興を召喚し、癸（についての実情）を知りました。（そこで）癸は（前言を翻して）改めてこう言いました。「（癸は）君子の子であり、名を学とし、新野県に居住しています。五大夫の馮毋択将軍の子ではありません。学は文書業務に関して学び、私印をもっており、印文には「□」とあります。もとより馮将軍毋択……。…食……害声聞。学の父の秦は居貲であり、あるとき吏が秦を笞でうち、そのためにしばしば学は怒り、苦しんでこれを恥だと考えました。自宅に帰ってからも鬱々とし、すぐに単独でいつわって五大夫馮毋択の子であると自称し、癸という偽名を用いてニセの私信を作り、熠にたずねて、銭を胡陽県の少内より借り受けようとしました。（書信を）私印で封緘して、みずからの部屋を出発し、文書をもって熠のもとに持参いたしました。幸いにもし（胡陽県が）馮毋択の威名によって学に銭を貸すようであれば、ただちに（その銭を）盗んで□衣と武具を購入し、立ち去って荊（楚）に国外逃亡する予定でした。熠は私信を開封して読みましたが、学の申し出を受け入れることはせず、人に命じて学を役所に繋留させました。学は恐れ、逃亡しようとし、そこでまた私信を偽造し、胡陽県の固のところに申し上げました。あざむいてこのように言いました。「学はまことに馮毋択の子です。新野県丞さまはすでに……です」と。そのほかは……のとおりです」と。

学をこう詰問した。「吏がもし、学が文書を偽造したことを知らず、（それでも）学に銭を貸すことを容認せず、学を退去させたならば、学はすぐに胡陽県を経由して（国境へ）行き、国外逃亡をしようとしたのか、それともそうでないのか」と。

（学は）供述してこう言った。「吏がもし学が文書を偽造したことを知らず、（それでも彼らが）学に銭を貸さなかったならば、学はそれによって衣料費を用意することができず、（胡陽県から）立ち去って（新野県に）戻ったことでしょう。（しかし）衣料費があったのであれば、そこで（国境へ）行き、国外逃亡をしたでしょう」と。

●調査をしたところ、「学は爵位をいつわり、文書を偽造しました。おりしも馮毋択の爵位は五大夫であり、将軍でした。学は従軍しておらず、一五歳です」とのことです。そのほかは（学の）供述のとおりです。

●審理をしたところ、「学はみずから五大夫の将軍馮毋択の子であると詐称し、その名義によってニセの私文書をつくり、婚のもとに持参し、それによって（県の銭と穀物を）盗み、その場を離れて、邦亡しようとしました。それを実行するまえに、捕えられました」と。以上は明白です。学を繫留しております。以上の件について判断を仰ぎます。

●県吏はこう議論しました。「学は耐隷臣とせよ」と。べつの意見として「贖耐とせよ」とあります。

上申したところ、回答があり、「馮毋択はすでに卿なので、（誤審をした）某と某は貲一盾とせよ。謹んで法に従って究明して論罪せよ」と。

……請……。

原文

廿二年八月癸卯朔辛亥胡陽丞唐敢瀻之四月乙丑丞矰曰君子=癸詣私　二一〇（1649+2186）
書矰所自謂馮將軍毋擇子與舍人來田南陽毋擇⧄　二一一（0473）
萬及糧食胡陽以田發書=類僞毄官有撟爲私書詣⧄　二一二（2174+1840+残604）
卽獄治求請●癸曰馮將軍毋擇☐⧄　⧄毋擇舍妻毋擇令癸☐　二一三（1088+2184）
糧食以田不爲僞書∠☐⧄　二一四（1194）
叚子它如矰●視癸私書曰五夫=馮毋擇敢多問胡陽丞主聞南陽　二一五（0882）
地利田令爲公產臣老癸與人出田不賫錢糧顚丞主叚錢二萬貣　二一六（0323+残566+残655）
食支卒歲稼孰倍賞勿環=之毋擇不得爲丞主臣走丞主與胡　二一七（0903+2183）
陽公共憂毋擇爲報敢以聞寄封廷史利∠有曰馮將軍子臣癸　二一八（J10+J11-1）
敢昧死謁胡陽公丈人詔令癸出田南陽因穜食錢貣以爲私∠癸田　二一九（0477）
新=壄=丞主幸叚癸錢食一歲少吏莫敢訶癸今胡⧄　二二〇（1089-2+1089-1+2109）
謂癸非馮將軍子癸居秦中名聞以爲不☐⧄　二二一（0988+0995）
☐癸穜姓雖賤能權任人有能下人顚公詔少吏勿令環●今　二二二（残704+残559+2007）
☐召舍人興來☐⧄　⧄曰君子=定名學居新壄非五夫=馮將軍毋擇子　二二三（残595+0904+1095）
毆?學=史∠有私印☐☐☐雅☐馮將軍毋擇……食……　二二四（0408）

害聲聞∠學父秦居貲吏治秦以故數爲學怒苦娸之歸居室心不　二二五（0408）
樂卽獨撟自以爲五夫=馮毋擇子以名爲僞私書問矰欲貣錢　二二六（0478）
胡陽少內以私印封起室把詣于矰幸其肎以威貣學錢卽盜以買　二二七（2006+1106+2171）
□衣被兵去邦亡荊矰發讀書未許學∠令人毄守學=恐欲去亡　二二八（0860+1195）
有撟爲私書自言胡陽固所詑曰學實馮毋擇子新壄丞主巳　二二九（1646+1656+2182）
欠簡
學吏節不智學爲僞書不許貣學錢退去學=卽道胡陽　二三〇（0471+0328+残708）
行邦亡且不∠辤曰吏節不智學爲僞不貣學錢毋以爲衣被　二三一（0469）
資用去環歸有衣資用乃行邦亡●問學撟爵爲僞書時馮　二三二（0407）
毋擇爵五夫=將軍學不從軍年十五歲它如辤　二三三（0470）
●鞫之學撟自以五夫=將軍馮毋擇子以名爲僞私書詣矰以欲　二三四（1044）
盜去邦亡未得=審毄敢讞之●吏議耐學隸臣或令贖耐　二三五（1650）
讞報毋擇巳爲卿貲某=各一盾謹竆以灋論之　二三六（0861）
▨□請□▨（待考簡）　二五三（残601）

校訂文

廿（二十）二年八月癸卯朔辛亥〔一〕、胡陽丞唐敢瀗（讞）之〔二〕。四月乙丑〔三〕、丞矰曰〔四〕、「君子子癸詣私書矰所〔五〕、自謂、「馮將軍毋擇子〔六〕、與舍人來田南陽〔七〕。毋擇【□□□叚（假）錢二】萬及糧食胡陽〔八〕、以田」。發書〔九〕、書類僞、毄（繫）官〔一〇〕。有（又）撟（矯）爲私書〔一一〕、詣【□□□□】、即獄治求請（情）〔一二〕」。●癸曰、「馮將軍毋擇叚?（假）?【子、母】毋擇舍（捨）妻〔一三〕。毋擇令癸□糧食、以田。不爲僞書〔一四〕。□【……】叚（假）子」。它如矰。●視癸私書、曰、「五大夫馮毋擇敢多問胡陽丞主〔一五〕。聞、南陽地利田、令爲公產〔一六〕。臣老。癸與人出田、不齎錢・糧〔一七〕。顚（願）丞主叚錢二萬貣（貸）・食支卒歲〔一八〕。稼孰（熟）倍賞（償）。勿環（還）〔一九〕。環（還）之、毋擇不得爲丞主臣走〔二〇〕。丞主與胡陽公共憂毋擇、爲報〔二一〕。敢以聞」。寄封廷史利〔二二〕。有（又）曰、「馮將軍子臣癸敢昧（昧）死謁胡陽公。丈人詔令癸出田南陽〔二三〕、因穜（種）食・錢貣（貸）、以爲私【書】。癸田新壄（野）〔二四〕、新壄（野）丞主幸叚癸錢・食一歲。少吏莫敢訶癸〔二五〕。今胡【陽丞矰□□□】謂、「癸非馮將軍子」。癸居秦中〔二六〕、名聞。以爲不□【……】□。癸穜（種）姓雖賤、能權任人、有（又）能下人。顚（願）公詔少吏、勿令環（還）〔二七〕」。●今□召舍人興來、智?（知）【癸。癸改（改）】曰、「君子子、定名學、居新壄（野）。非五大夫馮將軍毋擇子毆?（也）。學學史、有私印、章?曰?「□」〔二八〕。雅爲?（僞）馮將軍毋擇……食……〔二九〕害聲聞。學父秦居貲〔三〇〕、吏治（笞）秦、以故數爲學怒〔三一〕、苦姐（恥）之。歸居室、心不樂、即獨撟（矯）自以爲五大夫馮毋擇子、以名爲僞私書、問𡟰、欲貣（貸）錢胡陽少內。以私印封、起室把詣于𡟰。幸其肎（肯）以威貣（貸）學錢、卽盜以買□衣被兵〔三二〕、去、邦亡荊。𡟰發讀書、未許學、令人毄（繫）守學。學恐、欲去亡、有（又）撟（矯）爲私書、自言胡陽固所〔三三〕。詑曰、「學實馮毋擇子。新壄（野）丞主巳（已）【……」。它如……」。詰】學〔三四〕。「吏節（卽）不智（知）學爲僞書、不許貣（貸）學錢、退去學、學卽道胡陽行、邦亡〔三五〕、且不」。辤（辭）曰、「吏節（卽）不智（知）學爲僞【書】、不貣（貸）學錢、毋（無）以爲衣被資用、去環（還）歸。有衣資用、乃行、邦亡」。●問、「學撟（矯）爵爲僞書。時馮毋擇爵五大夫、將軍。學不從軍、年十五歲」。它如辤（辭）。●鞫之、「學撟（矯）自以【爲】五大夫將軍馮毋擇子、以名爲僞私書、詣𡟰、以欲盜、去、邦亡。未得、得」。審。毄（繫）。敢潚（讞）之。●吏議、「耐學隸臣」。或【曰】、「令贖耐〔三六〕」。潚（讞）報。「毋擇巳（已）爲卿、貲某・某各一盾〔三七〕。謹竆（窮）以灋（法）論之」。

……請……〔三八〕。

訓読

二十二年八月癸卯朔辛亥、胡陽の丞の唐、敢えて之を讞す。四月乙丑、丞の𡟰曰く、「君子の子の癸、私書を𡟰の所に詣《いた》し、自ら謂《い》えらく、「馮將軍毋擇の子にして、舍人と來りて南陽に田《たづく》らんとす。毋擇は【……錢二】萬及び糧食を胡陽【より假りて】、以て田らんとす」と。

書を發《ひら》くに、書は僞に類すれば、官に繫ぐ。又た矯《た》めて私書を爲り、……を詣《いた》し……卽ち獄治して情を求む」。●癸曰く、「馮將軍毋擇の假子にして、母は毋擇の捨妻なり。毋擇は癸をして糧食を□し、以て田らしめんとす。僞書を爲《つく》らず。假子【……】」と。它は婿の如し。●癸の私書を視るに、曰く、「五大夫の馮毋擇は敢えて多く胡陽丞主に問う。聞くならく、南陽の地は田に利《よ》く、公產を爲さしむ、と。臣は老ゆ。癸は人と與《とも》に田に出ずるも、錢・糧を齎《も》たず。願わくは丞主、錢二萬貸・食を叚《か》して卒歲《しゅつさい》を支えしめんことを。稼熟せば倍《ばい》して償わん。還す勿かれ。之を還せば、毋擇は丞主の爲《ため》に臣走《しんそう》するを得ず。丞主、胡陽公と共に毋擇を憂えば、報を爲せ。敢えて以て聞《ぶん》す」と。封を廷史の利に寄《よ》す。又た曰く、「馮將軍の子の臣癸は敢えて昧死《まいし》して胡陽公に謁す。丈人《じょうじん》、詔《つ》げて癸をして出でて南陽に田らしめ、種食・錢貸に因らしめんとし、以て私【書】を爲る。癸、新野に田り、新野の丞主は幸いにして癸に錢・食一歲を叚《か》す。少吏は敢えて癸を訶《か》する莫し。今、胡【陽の丞の婿……】謂う、「癸は馮將軍の子に非ず」と。癸は秦中に居り、名は聞こゆ。以爲えらく、【……】せず。【……】。癸は、種姓《しゅせい》賤《いや》しと雖も、能く權《はか》りて人に任《まか》せ、又た能く人に下る。願わくは公、少吏に詔《つ》げ、還す勿からしめよ」と。●今、□は、舍人の輿を召して來たらしめ、【癸を】知る。【癸は改めて】曰く、「君子の子にして、名を學と定め、新野に居る。五大夫の馮將軍毋擇の子に非ざるなり。學は史を學び、私印有り、章に曰く「□」と。雅《もと》より馮將軍毋擇……と僞《いつわ》りて……。……食……害聲聞。學の父の秦は居貲し、吏は秦を笞し、故《ゆえ》を以て數々《しばしば》學が怒りと爲り、苦しみて之を恥ず。居室に歸るも、心樂しまず、卽ち獨り矯《た》めて自ら以て五大夫の馮毋擇の子と爲し、名を以て僞私書を爲《つく》り、媦に問い、錢を胡陽の少内より貸りんと欲す。私印を以て封じ、室を起ちて把《と》りて媦に詣《いた》す。幸いにして其《も》し肯えて威を以て學に錢を貸《か》さば、卽ち盜みて以て□衣被兵を買い、去りて、荊に邦亡《ほうぼう》せんとす。媦は發《ひら》きて書を讀むも、未だ學を許さず、人をして學を繫守《けいしゅ》せしむ。學は恐れ、去亡せんと欲し、又た矯めて私書を爲り、胡陽の固《こ》の所に自言《じげん》す。詑《あざむ》きて曰く、「學は實《まこと》に馮毋擇の子なり。新野の丞主は已に【……」と。它は……の如し】」と。學を【詰す】。「吏、卽《も》し學の僞書を爲るを知らず、學に錢を貸《か》すを許さず、學を退去せしめば、學は卽ち胡陽より行き、邦亡するか、且《か》つは不《しか》らざるか」と。辭して曰く、「吏、卽《も》し學の僞書を爲るを知らず、學に錢を貸さずんば、以て衣被の資用と爲すこと無く、去りて還歸す。衣の資用有らば、乃ち行き、邦亡せんとす」と。●問うに、「學は爵を矯めて僞書を爲る。時に馮毋擇の爵は五大夫にして、將軍たり。學は從軍せず、年は十五歳なり」と。它は辭の如し。●之を鞫するに、「學は矯めて自ら以て五大夫の將軍馮毋擇の子【と爲し】、名を以て僞私書を爲り、媦に詣《いた》し、以て盜み、去り、邦亡せんと欲す。未だ得ずして、得《と》えらる」と。審らかなり。繫ぐ。敢えて之を讞す。●吏議す、「學を耐して隸臣とす」と。或いは【曰く】、「贖耐とせしめよ」と。讞するに報あり。「毋擇は已に卿爲れば、某・某に貲すること各々一盾とせよ。謹みて窮むるに法を以て之を論ぜよ」と。

……請……。

注釈

〔一〕〔陶安注〕秦王政二二年八月は癸卯朔で、辛亥は陰暦九日。〔案〕秦王政二二年（前二二五年）は、『史記』巻六秦始皇本紀二二年条「王賁攻魏、引河溝灌大梁。大梁城壞、其王請降、盡取其地」、『史記』巻一五・六国年表秦王政二二年欄「王賁擊魏、得其王假、盡取其地」、同六国年表魏王仮三年欄「秦虜王假」、『史記』巻四四魏世家魏王仮三年条「秦灌大梁、虜王假、遂滅魏以爲郡縣。太史公曰「吾適故大梁之墟、墟中人曰「秦之破梁、引河溝而灌大梁、三月城壞、王請降、遂滅魏」」、『史記』巻七三王翦列伝「秦使翦子王賁擊荊、荊兵敗。還擊魏、魏王降、遂定魏地」によれば、秦将王賁が三ヵ月にわたる水攻めによって魏を滅ぼした年で、その前に王賁は荊（楚）を破っている。秦王政二二年は楚王負芻三年にあたり、『史記』巻四〇楚世家に「王負芻……二年、秦使將軍伐楚、大破楚軍、亡十餘城。三年、秦滅魏。四年、秦將王翦破我軍於蘄、而殺將軍項燕。五年、秦將王翦・蒙武遂破楚國、虜楚王負芻」、『史記』巻一五・六国年表楚王負芻欄に「（楚王負芻二年）秦大破我、取十城」、「（楚王負芻四年）秦破我將項燕」とあり、楚地は負芻二年と負芻四年に秦の攻撃を受けている。

〔二〕〔陶安注〕「胡陽」は秦の県名。『漢書』巻二八地理志上に「湖陽」に作る。南陽郡に属し、治所は現在の河南省唐河県西南の湖陽鎮。『史記』巻八高祖本紀に「還攻胡陽」、司馬貞『索隠』引韋昭注に「南陽縣」とある。

〔三〕〔陶安注〕秦王政二二年四月は乙巳朔で、乙丑は二一日。

〔四〕〔陶安注〕「丞熷」の「丞」は官職（案例一注二参照）。名は熷。『続漢書』百官志五に「（毎縣）丞各一人」とある。熷は前任の胡陽県丞かもしれない。後文より、被告の学は胡陽県より金銭と糧食を詐取しようとしていたとわかる。県内において金銭と糧食を管理していたのはそれぞれ県の所属機構の少内と倉であり、その出納業務は県長吏の県令・県長・県丞の指令に基づく。里耶秦簡（8-1532+8-1008+8-1461）に「令佐華自言。……謁出五百以自馬償。……遷陵守丞銜告少内。……次（資）豎購當、出畀華及告豎令智（知）之」、同簡（8-1563）に「尉守竊敢【言】之。……今徐以壬寅事、謁令倉貣（貸）食。……遷陵守丞膻之告倉主。以律令從事」とある。〔案〕「丞熷」については、県少内丞とする説があるが（整理小組注、Lau and Staack 2016: 278）、陳偉によれば、少内に丞がいた証拠はない。また本案例で学（自称馮毋択の子）は金銭と穀物を詐取しようとしたが、少内は穀物を管理していない。よって丞熷は県丞であったと解される（陳偉二〇一三A）。陶安は自説（整理小組注）を改め、陳偉説に従っている。また、そもそも本案例は「胡陽丞唐」の「瀻」によって始まっており、秦王政二二年八月当時の胡陽県丞は「唐」であったこと、一県内に二人の県丞がいたとは考えられないことから、熷を前任の胡陽県丞とする（陶安二〇一九A、一一七頁、前掲陶安注）。陳・陶安説に従う。

〔五〕〔陶安注〕「君子」は、秦代の身分標識のひとつ。「秦律十八種」（第一六一簡）に「官嗇夫節（卽）不存、令君子毋（無）害者若令史守者、毋令官佐・史守」、「秦律雑抄」（第三四簡）に「徒卒不上宿、署君子・敦（屯）長・僕射不告、貲各一盾」とある。春秋時代の越国には君子によって構成される軍隊の例があり、『国語』呉語に「（越王）以其私卒君子六千人爲中軍」、韋昭注に「私卒君子、王所親近有志行者、猶呉所謂賢良、齊所謂士也」とある。「君子子」は文献にみえず、良家出身の子女をさすようで、漢代の所謂「良家子」に近いかもしれない。『史記』巻一〇九李将軍列伝に「孝文帝十四年、匈奴大入蕭關、而廣以良家子従軍撃胡」、司馬貞『史記索隠』引如淳注に「非醫・巫・商賈・百工也」、『漢書』巻九七外戚伝上に「孝文竇皇后、景帝母也、呂太后時以良家子選入宮」とある。「私書」とは個人の書信のこと。『史記』巻一二二酷吏列伝に「（郅）都爲人勇、有氣力、公廉、不發私書、問遺無所受、請寄無所聽」とある。〔案〕「君子子癸」について劉信芳は「君子の子の癸」でなく「君子の子癸」と読み、「子癸」を名とし、本案例では後出の「學」が被告、「子癸」が告発者であったとする（劉二〇一六、一一一頁）。だが「君子＝」の語は第二二三簡にも「君子＝定名學」とみえ、「子癸」をひとまとまりの名前とみなすことはできない。そこでここでは「君子子」を「君子の子」と解する。では「君子」とは何か。睡虎地秦簡には「署君子」「君子」の語がみえ、たとえば「特定の部署の責任者」もしくは「有爵者」などとする説（睡虎地一九九〇、四八頁、五六頁、八八頁）、佐・史より上位の、潜在的官吏有資格者（かつて任官され、現在無任の者も含む）とする説（山田一九九一、一一〜一〇頁）、上造・二百石以上の「士」とする説などがある（楊二〇一五B、一〇四〜一一五頁）。その後、岳麓秦簡に「君子」の語がみえることから、さらに検討がすすみ、整理小組注は「君子子」を漢代の「良家子」に近い存在とする。一方、高震寰は、君子子が大夫子より上位であること（岳麓秦簡「秦律令（壹）」置吏律〈第二一〇〜二一一簡〉）、本案例で五大夫子が君子子と称しえたことをふまえ、君子を官大夫〜五大夫の有爵者とする（高二〇一九、一〜五〇頁）。他方、李玥凝は、本案例において学の本当の父親が「君子」にあたり、「五大夫馮将軍毋擇」より低位とおぼしいこと、「君子子」が「大夫子・小爵及公卒・士五（伍）」と並列される場合があること（岳麓秦簡「秦律令（壹）」置吏律〈第二一〇〜二一一簡〉）、「君子」が傅の対象とされていること（岳麓秦簡「秦律令（壹）」〈第一八四〜一八五簡〉、里耶秦簡〈8-1198〉）から、「君子」を五大夫（漢爵では第九級）未満の有爵者とする（李二〇二〇B、四〇七〜四一一頁）。これに対して陶安注は整理小組注を継承し、こう論ずる。本案例冒頭の第二〇一簡では、「學」が自らを「五大夫馮将軍毋擇」の子の「癸」だと偽証している段階だが、そのときも「君子子癸」と称し、つまり五大夫馮毋択も「君子」であった。また「秦律十八種」（第一六一簡）に「君子毋（無）害者」がみえ、文脈的に斗食・有秩・佐・史を含意しうる。よって「君子」の定義はなお確定困難で、漢代文献をみる限りでは、「君子子」はやはり「良家子」に近い、と（陶安二〇一九A、一一九〜一二〇頁）。また齋藤賢は、諸説を検討したうえで、「令史と同等のものから、少なくとも五大夫まで含まれているようであり、爵と直接は結びつかない、何らかの別の判断基準があった」とする（宮宅二〇二三、三九一〜四〇三頁）。このように「君子」には諸説あり、なおその意味は判然としない。ただし岳麓秦簡「秦律令（壹）」置吏律（第二一〇〜二一一簡）「縣除小佐毋（無）秩者、各除其縣中、皆擇除不更以下到士五（伍）史者爲佐。不足、益除君子子・大夫子・小爵及公卒・士五（伍）子年十八歳以上者備員」で「君子子」と「大夫子」が並列され、つまり「君子」と「大夫」が区別される以上、ここでの「大夫」が公・卿・士と並ぶ位階の「大夫」（漢代では五大夫を含む）ならば李玥凝説（君子＝五大夫未満の有爵者）と整合し、第五級爵位の「大夫」ならば李説と整合しない点は指摘しておきたい。現時点ではなお解釈困難としておく。

〔六〕**〔陶安注〕**「馮將軍毋擇」は秦の始皇帝の功臣で、文献にみえる。『漢書』巻七九馮奉世伝に「其先馮亭、爲韓上黨守。……及秦滅六國、而馮亭之後馮毋擇・馮去疾・馮劫皆爲秦將相焉」、『史記』巻六秦始皇本紀所引始皇二八年「瑯邪刻石」に「列侯武城侯王離・列侯通武侯王賁・倫侯建成侯趙亥・倫侯昌武侯成・倫侯武信侯馮毋擇・丞相隗林・丞相王綰・卿李斯・卿王戊・五大夫趙嬰・五大夫楊樛從、與議於海上」とある。「倫侯」は「（關）内侯」にあたる。里耶秦簡（8-0461）に「内侯爲輪（倫）侯。徹侯爲死（列）侯」とある。「擇」は羊益の切（yì）。『史記』巻一三〇太史公自序に「昌生無擇《ママ》」、司馬貞『索隠』に「『漢書』作「毋擇」、竝音亦也」とある。本簡の「擇」字は横の筆画が一本多く、「澤」字を「擇」字に書き改めたためであろう。〔案〕陳偉によれば、本案例所見の「馮毋擇」は『史記』巻六秦始皇本紀二八年（前二一九年）条所引「瑯邪刻石」所見の倫侯武信侯馮毋択である。また本簡によれば、馮毋択は秦王政二二年（前二二五年）以前には五大夫であった。すると馮毋択は秦王政二二年から秦始皇二八年までの間に五大夫から倫侯へ昇進したことになる。『漢書』巻七九馮奉世伝や『漢書』巻一高帝紀によれば、馮毋択は秦将で、その記載とも符合する（陳偉二〇〇九、一頁）。陶安注は陳偉説と同じく、本簡所見の「馮将軍毋擇」を伝世文献所見の馮毋択と同一人物と解する。なお本簡の「擇」字は特殊だが、図版本整理小組注は「擇」を妥当とし、陶安注もそれを支持する。一方、施謝捷は、同一人物の筆になる簡牘上で同一人物名を別字で表記する例があること、私印上の同一人物名も同一字で表記されるとは限らぬことから、「毋擇」のみを正しいとするわけにはいかないとする（施二〇一六、一二六～一三〇頁）。また劉信芳は、馮毋択が秦王政二二年～秦始皇二八年に、実際に五大夫（第九級）から倫侯（関内侯相当。第一九級）に一〇等級も昇進したとは考えられないことから、本簡の「五大夫」は学（自称馮毋択の子）が馮毋択の爵位を詐称した結果であるとする（劉二〇一六、一一一頁）。

〔七〕〔陶安注〕「南陽」は秦の郡名で、『漢書』巻二八地理志上にみえる。秦の昭襄王三五年に初めて設置され、治所は現在の河南省南陽市。〔案〕「舎人」は、案例七注二九でのべたように、高位者（非官吏を含む）の私設家臣。「南陽」は郡名。『漢書』巻二八地理志上南陽郡条には宛県以下、三六の県名がみえるが、南陽県はなく、本注によれば王莽期に宛県が南陽県に更名されたとある。『史記』巻五秦本紀昭襄王二七年条には「二十七年、錯攻楚。赦罪人遷之南陽」、『史記正義』に「南陽及上遷之穰、皆今鄧州也」とあり、秦は昭襄王二七年以前にすでに南陽の地を保有していたごとくである。また『史記』巻五秦本紀昭襄王三三条に「三十三年、客卿胡傷攻魏巻・蔡陽・長社、取之。撃芒卯華陽、破之、斬首十五萬。魏入南陽以和」、『史記集解』に「徐廣曰「河内修武、古曰南陽、秦始皇更名河内、屬魏地。荊州之南陽郡、本屬韓地」」とあり、当時魏も南陽とよばれる地域を保有し、それは始皇帝期に「河内」と更名された場所のことで、昭襄王三三年に秦に帰属している。さらに『史記』巻五秦本紀昭襄王三五年条に「三十五年、佐韓・魏・楚伐燕。初置南陽郡」、『史記正義』に「今鄧州也。

前已屬秦、秦置南陽郡、在漢水之北」とあり、秦は昭襄王三五年に初めて南陽に郡を設置している。加えて、『史記』巻六秦始皇本紀秦王政一六年条に「十六年九月、發卒受地韓南陽、假守騰。初令男子書年」とあり、秦王政一六年に秦は韓から南陽の地を割譲されており、おそらく当地は秦の南陽郡に編入されたとおぼしい。以上の経緯に鑑みれば、戦国時代にはもともと秦・魏・韓に「南陽」とよばれる地域が別々に存在し、それが徐々に秦へと併合されてゆく過程で、昭襄王三五年に「南陽郡」が設置されたのであり、本簡所見の「南陽」もこれをさす。

〔八〕〔陶安注〕「假」は、借・貸。「秦律十八種」（第一〇五～一〇六簡）に「叚（假）器者、其事已及免、官輒收其叚（假）、弗亟收者有罪。●其叚（假）者死亡・有罪毋（無）責也、吏代賞（償）。毋擅叚（假）公器、者（諸）擅叚（假）公器者有罪」とある。種食は種籾と食糧。『漢書』巻四文帝紀に「民讁作縣官及貸種食未入・入未備者、皆赦之」、「秦律十八種」（第四〇簡）に「縣遺麥以爲種用者、殽禾以臧（藏）之縣遺麥以爲種用者、殽禾以臧（藏）之」、同簡（第四五簡）に「有事軍及下縣者、齎食、毋以傳貣（貸）縣」、岳麓秦簡「為吏治官及黔首」（第七七簡）に「貣（貸）穜（種）食弗請」とある。〔案〕柿沼陽平によれば、「叚」には本来「叚」「假」両義が含まれ、「叚」「假」両字の分離独立は秦末漢初（とくに漢初）に進んだ（柿沼二〇一一、一一二頁）。そののち出土文字資料がさらに増え、たとえば岳麓秦簡

第212簡

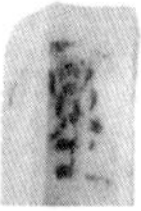
第214簡

第216簡

第219簡

第222簡

［図１］

「秦律令（壹）」（第二四一簡）に「□□律曰「諸當叚官器者、必有令・丞致、乃叚。毋致、官擅叚、貲叚及假者各二甲」とあるように、統一秦頃にすでに「叚」（貸す意）と「假」（借りる意）の分化が起こっていたことが改めて確認できた（整理小組は文中の「叚」字を全て「假」に読み替えているが、「叚」を「假」に読み替えてしまうと、上記経緯が理解できなくなってしまうので、本訳注では貸す意の「叚」と借りる意の「假」を区別して表記する）。その一方で、『説文』又部に「叚、借也」、同書人部に「假、非眞也」、同書人部に「借、假也」とあるものの、ほかの漢代に関する伝世文献や出土文字資料には「叚」字がほぼ登場せず、「假」が「貸す」「借りる」の両方を意味する文例が多いことから、いずれかの時点で「假」が「叚」の意味を含むようになっていったと考えられる。以上をふまえると、秦王政二二年八月の本案例所見の「叚」は、文脈次第で「叚」もしくは「假」に読み替えるべきものであろう。なお「假」と「叚」は里耶秦簡「更名木方」にもみえる。

ところで、本案例の第二一二簡・第二一四簡・第二一六簡・第二一九簡・第二二二簡には、類似の文字がみえる（図1）。字釈に関しては諸説あり、整理小組はすべて「種」に釈している。一方、黄傑は、「姓雖賤」（第二二二簡）直前の一文字のみを「種」字とし、ほかを「糧」字とする（黄二〇一三A、黄二〇一三B）。だが陶安は近年改めて第二一二簡と第二一六簡を「从米」の文字、第二一九簡と第二二二簡を「从禾」の字としたうえで、字形の左側でなく、むしろ右側上部に注目する。そして睡虎地秦簡・張家山漢簡・岳麓秦簡所見の「量」「糧」の右側上部がみな「日」に作る一方で、「種」の右側上部はそうなっておらず、本案例所見の五例もみな「日」ではなく、よってすべて「種」字であるとする（陶安二〇一九A、一二〇～一二一頁）。陶安修訂本も五例すべてを「種」字に読み替えている。陶安説はまことにもっともではあるが、本案例中に左側を「米」に作る字と、「禾」に作る字が並存しているのも事実である。ここでは「種食」（第二一九簡）と「種子姓雖賤」（第二二二簡）のみを「穜（種）」字、他を「糧」字と釈しておく。

〔九〕〔陶安注〕「發」は「啓」、開くこと。『戦国策』斉策四に「齊王使使者問趙威后、書未發、威后問使者曰「歳亦無恙耶」」、里耶秦簡（9-0001正）に「報署金布發」、「法律答問」（第五七～五八簡）に「「發僞書、弗智（知）、貲二甲」。今咸陽發僞傳、弗智（知）、即復封傳它縣、它縣亦傳其縣次、到關而得。今當獨咸陽坐以貲、且它縣當盡貲。咸陽及它縣發弗智（知）者當皆貲」とある。

〔一〇〕〔陶安注〕「官」は、官署・機構。「秦律十八種」（第一五九～一六〇簡）に「嗇夫之送【徒】

見它官者、不得除其故官佐吏以之新官」とある。

〔一一〕〔陶安注〕「矯」は、人の名をかたること、詐称することで、馮毋択の子の名義をかたること。「法律答問」（第五五簡）に「僑（矯）丞令、可（何）殴（也）。爲有秩僞寫其印爲大嗇夫」、「二年律令」（第六六簡）に「橋（矯）相以爲吏、自以爲吏以盜、皆磔」とある。

〔一二〕〔陶安注〕「獄治」は、立《ママ》案して治《ママ》理すること・刑事審問すること。『漢書』巻七七孫宝伝に「司隷寶奏故尚書僕射崇冤、請獄治尚書令昌」とある。「獄治」は状語＋動詞の構造で、「獄訊」と同じ。「二年律令」（第五〇八簡）に「諸乗私馬出、馬當復入而死亡、自言在縣官、縣官診及獄訊審死亡、皆【告】津關」とある。〔案〕宮宅潔によれば、「獄」は被疑者や証人を収容し、取り調べをする場所で、基本的に既決囚を収容・使役する場所ではなく、前漢時代にはおもに中央諸官署や各県に置かれた（宮宅二〇一一、二五一～二六二頁）。ただしここでの「獄治」は、陶安注の指摘通り、「状語＋動詞」構造であり、立件や審問をさすのであろう。「求請」について、陳松長・陶安は「求情」に読み替える（陳松長二〇一三、八四～八九頁、陶安注）。一方、黄傑は「求」も「請」も同義で、それらが熟語化して「請求する」意をなすとする（黄二〇一三A、黄二〇一三B）。いずれにも解釈が可能であり、目下解釈をどちらかに絞り込むのは困難である。ここではとりあえず文脈から「求請（情）」説をとる。なお本簡（第二一二簡）は本来バラバラの簡よりなり、図版本は「2174＋1840＋残604＋残

601」と綴合すべきとしていたが、陶安は簡の状態を改めて詳細に検討し、「残604」と「残601」は綴合されないものと判断している（陶安二〇一九A、一二〇頁）。ここでは陶安説に従う。

〔一三〕（陶安注）第二一三簡は文意によって繋げたものである。「子母」の二文字も文意によって補った。残画と文意によれば、おそらく簡尾の未釈字は「叚」であろう。

〔一四〕（陶安注）「僞書」は、偽造された文書・書信。「二年律令」（第一三簡）に「爲僞書者、黥爲城旦舂」、「奏讞書」（第五四〜五五簡）に「蜀守讞（讞）、佐啓主徒。令史冰私使城旦環、爲家作。告啓、啓詐（詐）薄（簿）曰治官府。疑罪。●廷報、啓爲僞書也」とある。「癸□」の「□」は文脈的に「叚」と釈すべきではないか。

〔一五〕（陶安注）「五大夫」は、秦漢時代の爵称で、第九級であり、『漢旧儀』等にみえる。「二年律令」（第四六簡）に「以縣官事毆（毆）若詈吏、耐。所毆（毆）詈有秩以上、及吏以縣官事毆（毆）詈五大夫以上、皆黥爲城旦舂」とある。「多問」は、書信でよく用いられる用語で、ご機嫌伺いを意味する。居延漢簡（157.25A）に「弘叩頭多問子長」、同簡（乙付51）に「信伏地再拜多問次君君平足下」とある。敢は、謙譲表現で、みずから「ぶしつけながら」ということであり、前掲居延漢簡の「叩頭」「伏地再拜」に類する。里耶秦簡（8-1997+8-823）に「校長予言敢大心多問子柏」とある。「主」とは敬称で、身分が平等、もしくは発信者よりもやや低い受信者に用いる。里耶秦簡（8-158）に「遷陵守丞色敢告酉陽丞主」、同簡（J1⑯0009背）に「遷陵守丞敦狐告都郷主」、「封診式」（第四三簡）に「丞某告某郷主」とある。〔案〕本簡の「多」について、陳松長や陶安は「多」と釈するが（陳松長二〇一三、八四～八九頁）、黄傑は「移」字に読み替えるべきかもしれないとする（黄二〇一三A）。「多問」は秦漢簡牘によくみえる語であり、ここでは陳松長説に従う。

〔一六〕〔陶安注〕「公産」は文献に見えないが、公的産業、つまり一種の公田か。〔案〕「公産」について、陳松長は「公産（彦）」に作る（陳松長二〇一三、八四～八九頁）。黄傑・整理小組は「公産」に作る（黄二〇一三A）。陶安は「公産」と公田の関連を指摘するが、所謂「公田」は一般に帝室財政（もしくは王室財政）所属とされ（増淵一九九六、三一九～三七六頁）、ここでの文脈と合致しない。むしろ「公産」の「公」は、秦簡所見の「公器」等の「公」と同義で、戦国秦の「公器」が統一秦以後に「縣官器」に書き換えられていることからわかるように、それは統一秦以後の「縣官」と同義ではないか。つまり「公産」は、「縣官」関係の田畑であり、必ずしも帝室財政とは関係しないとみられる。

〔一七〕〔陶安注〕「齎」は、携帯すること。『史記』巻六秦始皇本紀に「乃令入海者齎捕巨魚具」とある。また「秦律十八種」倉律（第四五簡）も参考になる（本案例注八参照）。〔案〕「癸與人出田」の「人」は舎人をさす。

〔一八〕〔陶安注〕後簡（第二一九簡）に「因種（種）食・錢貣（貸）、以爲私【書】」とあり、これより「錢貸」は一語だとわかる。錢貸は金銭の貸与。〔案〕「丞主叚錢二萬貣食支卒歳」の読み方については、まず整理小組が「丞主叚（假）錢二萬貣（貸）・食支卒歳」とし、「丞主におかれては、二万銭の金額と、一年間を支えうる糧食を貸してください」の意に解したが、とくに「錢二萬貣（貸）」の読み方には批判が寄せられた。すなわち、そうした漢文の読み方には違和感があり、むしろ本句は「丞主叚（假）錢二萬、貣（貸）食支卒歳」と解釈すべきではないかというのである（陳松長二〇一三、八四頁、黄二〇一三B）。これに対して陶安は、本案例の「貸」は「錢」のみを目的語にとり、「種食」はとらないこと、「假」は「錢」と「種食」の両方を目的語にとりうること、第二一九簡の「貣（貸）」は名詞と解しうることから、改めて整理小組注の解釈を護持している（陶安二〇一九A、一二一〜一二三頁）。ここで第二一一〜二一二簡をみると、「學」が銭・食糧の双方を借りようとしており、本文も銭と食糧の双方を借りる意で、「錢二萬貣（貸）・食」と読みうる。そこで陶安の断句に従う。もう一点注意すべきは、「貣」には本来「貸す」「借りる」両義が含まれ、「貣」（借りる意）・「貸」（貸す意）両字の分離は統一秦以後に進んだことである（柿沼二〇一一、一一二頁）。また本案例注八で論じたように、「叚」にも本来「貸す」「借りる」両義が含まれ、統一秦頃には「叚」（貸す意）と「假」（借りる意）の区別が生じていた。これによれば、本案例は秦王政二二年の紀年を含むので、統一秦以前の用字法によるとみられ、「叚」「貣」はいずれも「貸す」「借りる」の両義を含み、適宜読み替えるべきことになる（「かりに（if）」を意味する「叚」はとりあえず伝世文献の表記に従い、全て「假」に読み替えておく）。すると本文の主語は「丞主」なので、直後の「叚」は「貸す」意であり、あえて「假」に読み替える通説には疑問が残る。

〔一九〕〔陶安注〕「還」は、返還すること、拒絶すること。『玉篇』辵部に「還、退也」、「法律答問」（第一〇二簡）に「免老告人以爲不孝、謁殺、當三環之不。不當環（還）、亟執勿失」、同簡（第一四七簡）に「甲徙居、徙數謁吏、吏環（還）、弗爲更籍」とある。〔案〕「賞」には本来「賞」「償」両義が含まれ、「賞」「償」両字の分離独立は統一秦以後に進んだ（柿沼二〇一一、一一二頁）。この点は里耶秦簡「更名木方」によって裏づけられた。本案例は秦王政二二年の紀年を含み、統一秦以前の文字をそのまま継承しているのであろう。

〔二〇〕〔陶安注〕「臣走」とは、人のために動き回って働くことで、「臣僕趨走作役」の省略表現のようである。『列子』周穆王篇に「昔昔夢爲人僕、趨走作役、無不爲也」とある。この話は、遠回しに受信者を脅し、かりに受信者が毋択の要求を拒絶すれば、毋択は中央で受信者を助けないとするものであろう。

〔二一〕〔陶安注〕「公」は尊称。案例一〇注一八参照。〔案〕整理小組注は「共复（覆）」に作るが、陳松長や黄傑は「共憂」に作り、陶安注も「共憂」説を採る。ただし陳松長が「丞主與胡陽公共憂、毋擇爲報」に作り、「丞主と胡陽公はともに心配し、毋択は敢えて書信でお邪魔をする」の意とする一方（陳松長二〇一三、八五頁）、黄傑は「丞主與胡陽公共憂毋擇、爲報」に釈し、「丞主と胡陽県公におかれては、ともに毋択のことを心に止めていただき、毋択にお返事をください」の意とする（黄二〇一三B）。ここでは黄傑説に従う。

〔二二〕〔陶安注〕「寄」とは委託すること。『説文』宀部に「寄、託也」とある。「寄封」とはおそらく委託を受けて書信を封緘することで、居延漢簡によくみられる「奏封」に似ている。居延漢簡（126.38）に「十二月壬辰尉史□奏封」、肩水金関漢簡（73EJT10: 17）に「▨□寄封、遺致言教」とあり、前後の文章は欠けており、語義は未詳。「廷史」については案例一一注一五参照。

〔二三〕〔陶安注〕「丈人」は、父親の馮毋択をさす。「詔」は命令で、秦始皇二六年の天下統一後に初めて皇帝の命令のみをさすようになる。里耶秦簡（8-138+8-522+8-174+8-523）に「廿（二十）六年六月壬子、遷陵【守】丞敦狐爲令史更行廟詔」、里耶秦簡（8-461）に「以王令曰以皇帝詔」、『史記』巻六秦始皇本紀に「臣等昧死上尊號、王爲泰皇。命爲制、令爲詔、天子自稱曰朕」とある。〔案〕本文の「謁」は、「馮將軍子臣癸」が実際に「胡陽公」のもとに参上したという意味ではあるまい。漢簡所見の「謁」について京大班は「もうす」「請う。依頼する。取り次ぎを求める」の意としており（京大二〇一五、二七頁）、ここでも同義であろう。「謁」字は書信簡に散見する語で、たとえば里耶秦簡（8-1997+8-823）に「校長予言敢大心多問呂柏。柏得毋恙殹。柏得毋爲事變虖（乎）。毋以問、進書爲敬。敢謁之」とある。

〔二一四〕〔陶安注〕「新野」は秦の県名で、『漢書』巻二八地理志上にみえ、南陽郡に属し、治所は現在の河南省新野県にあたる。〔案〕「因種（種）食・錢貣（貸）、以爲私【書】」の「書」は、整理小組が補った文字で、第二一八～二二二簡の偽書信をさす。陳偉は「私＝私情・私利・恩恵の一種」とし、「書」を補う整理小組説を批判する（陳偉二〇一七、二七八～二七九頁）。ラウ等は「私＝私田」の意とする（Lau and Staack 2016: 285-286）。だが陶安は改めて諸説を紹介・批判し、整理小組説を堅持している（陶安二〇一九A、一二二～一二三頁）。ここでは陶安説に従う。

〔二一五〕〔陶安注〕「少吏」は長吏と対比的な用語で、ここでは新野県令と胡陽県令の部下をさす。「二年律令」（第四六簡）に「長吏以縣官事詈少吏」とある。〔案〕整理小組注は「少吏」を少内丞矰のこととし、陶安注は「新野県令と胡陽県令の部下」とする。陳偉は矰を県丞としたうえで、ここでの「少吏」は丞矰の配下、もしくは県令が県丞矰をさして「少吏」といったものとする（陳偉二〇一三A）。本訳注では「丞矰の配下」説を採る。ちなみに漢代の「少吏」は、『漢書』巻一九・百官公卿表上に「縣令・長皆秦官、掌治其縣。萬戸以上爲令、秩千石至六百石。減萬戸爲長、秩五百石至三百石。皆有丞・尉、秩四百石至二百石、是爲長吏。百石以下有斗食・佐史之秩、是爲少吏」とあり、「百石以下有斗食・佐史之秩」をさす。

〔二六〕〔陶安注〕「秦中」とは関中、つまり秦嶺山脈以北・函谷関以西の秦国の故地をさす。『漢書』巻三一項籍伝に「異時諸侯吏卒繇役屯戍過秦中」、顔師古注に「秦中、關中秦地也」とある。

〔二七〕〔案〕第二二二簡冒頭の一文字目について整理小組は「□」とするが、黄傑は「信」に釈す（黄二〇一三C）。「勿令環（還）」について黄傑は、癸が胡陽公に請願した書信の一部だとする（黄二〇一三A）。

〔二八〕〔陶安注〕第二二三簡は文意によって綴合されている。「癸〓攺（癸癸改）」も文意によって補った。第二一八簡に「寄封廷史利」とあり、おそらく「曰」字の下の一字は「利」である。〔案〕第二二三簡「□召舍人來□▨　▨曰君子〓定名學居新壄非五夫〓馮將軍毋擇子」の途中には断絶があり、「□召舍人來□」と「曰君子〓定名學居新壄非五夫〓馮將軍毋擇子」に分けられ、断絶箇所には後者第一文字目の「曰」の主語が入るものと想定される。黄傑は「曰」字直上に「□召舍人興來智《?》」（残595）を入れ、「曰」字の下を「君子子定、名學」と断句する（黄二〇一三A）。一方、陶安は「□召舍人興來、智《?》（知）【癸。癸攺（改）】曰、「君子《?》子《?》、定名學」に作る（陶安注）。第二二四簡の「有私印□□」について整理小組は「有私印、章《?》曰《?》□」、陳偉は「有利印章《?》曰《?》」（陳偉二〇一三A）、陶安は「有私印、章《?》曰《?》□（利《?》）」とする（陶安二〇一九A、一二三〜一二五頁、陶安注）。ここでは陶安説に従う。

〔二九〕〔陶安注〕残画によれば、最後の三文字は「它如前」かもしれない。もしそうすると、第二二四簡は第二三〇簡の前に移動させるべきで、ここにはべつの欠簡があるかもしれない。一説には、第二二四簡末尾の一字は「毋（無）」とすべきで、第二二五簡冒頭と続けて読み、「無害聲聞」となる。〔案〕本簡（第二二四簡）末尾は欠落している。続く第二二五簡冒頭には「害聲聞。學父秦居貲……」とあり、整理小組は両簡が接続されるものと考えている。整理小組は「害聲聞」を「威名遠揚」と訳している。だが黄傑は第二二四簡末尾に「毋（無）」字があったとし、「毋（無）害聲聞」と読むべきだとする（黄二〇一三C）。これも一つの解釈ではあるが、陶安も論ずるように（陶安二〇一九A、一二五〜一二六頁）、いずれにせよ断簡であって、確定的なことは言えない。ここではとりあえず陶安説に従っておく。

〔三〇〕〔陶安注〕「居」とは、居作、つまり官府のために働くこと。居貲とは、貲のために居作すること。「貲」字については目下二つの説がある。①貲は、「貲贖」（財貨によって罪を贖うこと）・「貲償」（財貨によって償還すること）の「貲」と同じで、財貨をさす。「居貲」とは「居貲贖債」の省略で、財貨のために働いて各種債務を償うことをしめす（贖罪・貲罪由来の対公家債務を含む）。②貲は貲罪。居貲とは、「居贖」・「居債」と比べ、もっぱら貲刑のための労役をさす。秦始皇陵西側趙背戸村の秦刑徒墓墓誌（79M11）に「東武居貲上造慶忌」、里耶秦簡（9-2289背）に「隷妾居貲十一人」、同上簡（8-480）に「司空曹計録。船計・器計・贖計・貲責計・徒計、凡五計」とある。

〔三一〕〔陶安注〕「爲」は「使」の意。『易』井九三爻辞に「井渫不食、爲我心惻」、王弼注に「爲、猶使也」、『左伝』昭公二〇年に「今君疾病、爲諸侯憂、是祝史之罪也」とあり、受動詞とも解せる。つまり「（このことは）たびたび私を憤慨させた」となる。睡虎地秦簡「日書」甲種（第四四簡背貳）に「鬼恆爲人惡瞢（夢）」とある。

〔三二〕〔陶安注〕少内は県に属する機構で、府蔵を掌る。「法律答問」（第三二簡）に「「府中公金錢私貣（貸）用之、與盜同灋」。●可（何）謂「府中」。●唯縣少内爲「府中」、其它不爲」、「封診式」（第三九簡）に「令少内某・佐某以市正賈（價）賈丙丞某前、丙中人、賈（價）若干錢」、里耶秦簡（8-0155）に「四月丙午朔癸丑、遷陵守丞色下少內。謹案致之。書到言、署金布發。它如律令」とある。朝廷にも少内がある。『漢書』丙吉伝に「少內嗇夫白吉」、顔師古中に「少內、掖庭主府臧之官也」とある。未釈字は「金」字に近いが、その下半分の形は不明。字は「今」声に従い、「錦」字と読むのかもしれない。錦衣は精美で華麗な衣服であり、高い身分の者の象徴で、楚国へ逃げたあとに体裁よく楚の社会に入るのに便利である。『詩』秦風終南に「君子至止、錦衣狐裘」、『漢書』巻三一項籍伝に「富貴不歸故鄉、如衣錦夜行」とある。一説には、「衾」と読む。衾衣はフトンと衣服。〔案〕「以名」について整理小組注は「その名義によって」（つまり馮毋択の名義によって）と訳す。一方、黄傑は「偽名を用いて」と訳す。そして「以名爲僞私書」を「学が癸という偽名を用いて偽私書を作った」と訳す（黄二〇一三C）。ニセの書信の差出人は癸なので、ここでは黄傑説に従っておく。

〔三三〕〔陶安注〕「胡陽固」は胡陽県令、名は固。

〔三四〕〔陶安注〕第二二九～二三〇簡は連続して読みようがなく、少なくとも一枚の簡が欠けている。「它如」と「詰」は体例に基づいて補った。

〔三五〕〔陶安注〕「道」は介詞で、「由」・「従」のごときものである。岳麓秦簡「三十四年質日」（第四二簡）に「己卯、騰道安陸來」、「二年律令」（第七八～七九簡）に「其叚（假）別在它所、有（又）物故毋（無）道歸叚（假）者、自言在所縣道官」とある。後漢以後は音義がともに近い「由」字に取って代わられたようである。

〔三六〕〔陶安注〕簡文には「曰」字が抜けており、案例一第二四簡・「奏讞書」案例三（第二五簡）等を参考にし、文章の書式によって補った。「贖耐」は、秦・漢初の贖刑のひとつで、「耐」は軽重をしめす。案例一注五三と案例八注五参照。〔案〕陳松長は「以欲盗去邦亡」を「以欲盗去、邦亡」と断句する（陳松長二〇一三、八四～八九頁）。一方、劉信芳は「奏讞書」（第三八簡）「楚時去亡」をふまえ、「以欲盗、去邦亡」と断句する（劉二〇一六、一一一頁）。整理小組注・陶安も、劉信芳と同様に断句しており、本案例所見の「去邦亡荊」「卽道胡陽行邦亡」「乃行邦亡」「以欲盗去邦亡」をそれぞれ現代中国語で「逃出本国亡命到楚国」「従胡陽実行逃出本国亡命」「纔（会）実行逃出本国亡命」「想用来騙（銭款）、逃出本国亡命」と訳している（陶安修訂本、一五五〜一五六頁）。他方、黄傑は、もともと岳麓秦簡所見の「行邦亡」を「去邦亡」と同義とし、本文を「以欲盗、去邦亡」と断句していた（黄二〇一三A）。だがのちに自説を撤回し、「以欲盗、去、邦亡」と断句し直している。また整理小組説について、「邦亡」とその直前の「去」「行」がいずれも動詞であり、かように動詞が連続するのはおかしいこと、「行邦亡」の「行」を「実行」の意とするのは問題があることを指摘し、「以欲盗、去、邦亡」の「去」は「離去」の意であるとする（黄二〇一三C）。私見では、「邦亡」が秦漢律に散見する専門用語であること、「去亡」と「去邦亡」とでは意味が異なることから、少なくとも劉信芳説には疑念が残り、「行」を「実行」とする陶安説にも疑問が残る。残る陳松長・黄傑のうち、後者は解釈と論拠を明示したものであり、そこでここでは黄傑説に従う。

本簡所見の「得」「審」「毄（繫）」がそれぞれ別々の過程である点については陶安説をとる。曹旅寧によれば、「邦亡」は黥城旦舂ゆえ（「法律答問」〈第四八簡〉）、学は本来黥城旦のはずである。また偽書作成も黥城旦舂（「二年律令」賊律〈第一三簡〉）である。にもかかわらず、学が耐隷臣もしくは贖耐となる理由は、学の真の目的が知られておらず、ゆえに軽い判決が下されたとする（曹二〇〇九、一〜二頁）。しかし本案例を読む限り、この時点で「學」の罪状は明白である。とすると「學」が減刑されているのは、彼が「君子子」であることと関係するのかもしれない。

〔三七〕〔陶安注〕「卿」は秦漢時代の身分の通称で、左庶長～大庶長の爵位をさす。『続漢書』百官志劉昭注引応劭『爵制』に「自左庶長已上至大庶長、皆卿大夫、皆軍將也」、「二年律令」（第二九一～二九二簡）に「賜不爲吏及宦皇帝者、關內侯以上比二千石、卿比千石、五大夫比八百石、公乘比六百石、公大夫・官大夫比五百石、大夫比三百石、不更比有秩、簪裹比斗食、上造・公士比佐・史」とある。〔案〕「貲某・某各一盾」は一見不思議な表現である。あえて「某」に作る理由は、本案例が見本であったためか（「第二類表題」の案語も参照）。

〔三八〕〔案〕本文は待考簡の文だが、本案例に含まれるか否かは判然としない。

案例一五　リアル五十歩百歩（第四類第二三七簡～第二四五簡）

楯身智志

通釈

始皇二六年（前二二一年）九月己卯朔……。𦸗等は述べました、「……（われわれ）だけあえて前進せず、臆病風に吹かれました。みなで一二歩逃走しました。しかし、追撃してくる反乱勢力が少なかったので、みなで留まり、陣形を組み、ともに射……」。得・文・舄・慶・縮等は述べました、「反乱勢力と戦いましたが、四六歩ほど逃走して……」。𦸗等を詰問しました、「……積・秥。積・秥等は伍を編成して伍符によって連帯責任を負わせており、兵卒の中に死傷者もいなかった。……𦸗等はなぜ……みなで一二歩ばかり逃走したのか。……どのように釈明するのか」。𦸗等は述べました、「……（われわれ）だけあえて前進せず、実際に臆病風に吹かれてみなで一二歩ほど逃走しました。しかし、追撃してくる反乱勢力が少なかったので、みなで留まり、陣形を組み、ともに反乱勢力に向かって射撃しました。すると、反乱勢力は敗走して村落の中に逃げ込みました。罪を認めます。弁解はありません」。

●確認をしたところ、「得等は四六歩逃走し、𦸗等は一二歩逃走しました。道の広さは一二歩、まがきの高さは一丈でした。忌等が死亡したとき、得・縮等の中で最も遠い者では一〇〇歩離れていました」とのことです。他は供述の通りです。

●訊問・審理をしたところ、「得・文・舄・慶・縮等は反乱勢力と戦いましたが、伍を編成せず、伍符によって連帯責任も負わせていませんでした。その結果、忌は射撃によって死亡し、卒喜等は……近接戦闘武器によって死亡しました。彼らは臆病風に吹かれて四六歩逃走しました。逢包……□陽……明らかです。……繫。その他は県で論罪しました」とのことです。

……臣信がお願い致しますには取得……すべて法を適用しましょう。また、兵卒の中で臆病風に吹かれた者のうち、最も先に逃げた者とそれに続いた者一二名については、完城《かんじょう》旦《たん》・鬼《き》薪《しん》に処しましょう。また、兵卒のうち（上記一二名の）次に逃げた者二四名については、耐隷臣に処しましょう。残りはみな爵位を剥奪して士伍としましょう。ただしそのうち、もと上造の者は辺境防備四年、もと公士の者は辺境防備六年、もと公卒以下の者は辺境防備八年に処しましょう。……臣は死をかえりみずお願い致します。

●制に言う、「よろしい」、と。

原文

廿六年九月己卯□〼　二二三七（残161）

〼□不敢獨前畏耎與偕環走十二歩反寇來追者少皆止陳《?》共《?》射《?》〼　二二三八（1067-1）

〼文鋁慶絔〼　〼反寇戰去環走可卌六□□□□□□□……〼　二二三九（残132+残521+残697+0493-1）

穨＝秙＝等伍束符卒毋死傷者〼　〼□與偕環走可十〼　二二四〇（1066+残304）

敢獨前誠畏耎而與偕環走可十二步反寇來追者少皆止陳?射反=寇=敗入箬中皐毋解●診丈問得　二四一（0405）

等環走卌六步⿰犭翏等十二步術廣十二步垣高丈忌等死時得絹等去之遠者百步它如舜●鞫之　二四二（0472-2）

得文芻慶絹等與反寇戰不伍束符忌以射死卒喜等⧄　⧄短兵死畏耎去環走卌六步逢包　二四三（1043(2)）

⧄☐☐☐☐陽☐……☐……☐⧄　二四三（二）（1067-2）

⧄☐☐轂?它縣論⧄　二四五（残193）

⧄☐臣信請取得?⧄　二四三（三）（0493-2）

皆致灋焉∠有取卒畏耎冣先去先者次?十二人完以爲城旦鬼薪∠有取其次?廿四人耐以　二四四（0406）

爲隸臣其餘皆奪爵以爲士五其故上造以上有令戍四歲公士六歲公卒以下八歲☐　二四四（二）（0472-1）

臣昧死請●制曰可　二四四（三）（1043）

（以下、待考残簡）

⧄積秙等⧄　二四九（残251）

⧄☐環走⧄　二五二（残646）

入笿中□□□□□□□□□□⍁　（1068）
⍁□□□□□⍁　（C3-12-1）
⍁□吏=盡⍁　（C7.1-3-2）
⍁□□□□□□□⍁　（C9-13-1）
⍁□轂反□⍁　（C10.4-3-3）

校訂文

廿（二十）六年九月己卯朔【……】〔一〕。【繆等曰、「……】□不敢獨前〔二〕、畏耎〔三〕。與偕環（還）走十二步〔四〕。反寇來追者少〔五〕、皆止、陳?、共?射?【□□□】」〔六〕。【得・】文・〓・慶・綰【等曰、「與】反寇戰、去環（還）走可卌（四十）六步□□□□□□□……〔七〕【……】」。詰繆等、「……】積・秙〔八〕。積・秙等伍束符、卒毋（無）死傷者〔九〕。【……繆等何故……】□、與偕環（還）走可十【二步。……何解」。繆等曰、「……不】敢獨前〔一〇〕、誠畏耎而與偕環（還）走可十二步。反寇來追者少、皆止、陳?〔一一〕、射反寇。反寇敗入笿（格）中〔一二〕。辠（罪）。毋（無）解」。●診・丈・問〔一三〕、「得等環（還）走卌（四十）六步、繆等十二步。術廣十二步〔一四〕、垣高丈。忌等死時、得・綰等去之遠者百步」。它如辤（辭）。●鞫之〔一五〕、「得・文・〓・慶・綰等與反寇戰、不伍束符。忌以射死、卒喜等【□】短兵死〔一六〕。畏耎、去環（還）走卌（四十）六步。逢包【……】□□

□□陽□……□……□【……】〔一七〕【……。審。……】□□毄（繫）〔一八〕。它縣論」。【……】〔一九〕

【……】□臣信請〔二〇〕、取得？【……、】皆致灋（法）焉。有（又）取卒畏耎㝡（最）先去、先者次？十二人〔二一〕、完以爲城旦・鬼薪。有（又）取其次？廿（二十）四人〔二二〕、耐以爲隸臣。其餘皆奪爵以爲士五（伍）〔二三〕。其故上造以上、有（又）令戍四歲、公士六歲、公卒以下八歲。□臣昧死請。●制曰〔二四〕、「可」〔二五〕。

（以下、待考残簡）

【……】積・秙等【……】

【……】□環（還）走【……】

【……】入峉（格）中。審。□□□等與反寇戰□【……】

【……】反寇戰、反【寇】□【……】

【……】告吏、吏盡【……】

【……】□□□戰□束符【……】

【……】□毄（擊）反寇【……】

訓読

二十六年九月己卯朔【……。】猲等曰く、「【……】……敢えて獨り前《すす》まず、畏耎《いだ》なり。與偕《とも》に還走すること十二歩。反寇の來て追う者少なければ、皆な止まり、陳し、共に射【……」。得・】文・舒・慶・綰【等曰く、】「反寇【と】戰うも、去りて還走すること四十六歩ばかり……【……」。繆等を詰す、「【……】積・秙。積・秙等伍束符し、卒に死傷する者無し。【……繆等は何故……】……、與偕に還走すること十【二歩ばかりか。……何ぞ解あるか」と。繆等曰く、「【……】敢えて獨り前ま【ず】、誠に畏耎にして與偕に還走すること十二歩ばかり。反寇の來て追う者少なければ、皆な止まり、陳し、反寇に射す。反寇敗れて格中に入る。罪あり。解無し」。●診・丈・問するに、「得等は還走すること四十六歩、繆等は十二歩。術の廣さは十二歩、垣の高さは丈。忌等の死する時、得・綰等之を去ること遠き者は百歩」。它は辭の如し。●之を鞫す、「得・文・舒・慶・綰等反寇と戰うも、伍束符せず。忌は射を以て死し、卒喜等は【……】短兵もて死す。畏耎にして、去りて還走すること四十六歩。逢包【……】……□昜……【……審らかなり。……】……繫。它は縣論ず」と。【……】……臣信請うらくは、取得【……】、皆な法を致さん。又た卒の畏耎にして最も先に去るもの、先者の次なるもの十二人を取り、完して以て城旦・鬼薪とせん。又た卒の其の次二十四人を取り、耐して以て隸臣と爲さん。其の餘は皆な爵を奪いて以て士伍と爲さん。其の故の上造以上は、又た戍せしむること四歳とし、公士は六歳、公卒以下は八歳とせん。……臣昧死して請う。●制して曰く、「可なり」と。

注釈

〔一〕〔陶安注〕本案例はやや欠損があり、多数の欠簡がもっとあるかもしれないが、その数量や前後関係を確定することはできない。第二三七簡の上端は断絶しているが、「廿」の前に欠文はないようである。「二十六年」とは、秦始皇二六年を指す。第二三七簡は制書の冒頭にあたるのかもしれない。〔案〕本案例は、図版本では当初、第二三七～二四五簡の九簡よりなるとされていたが、のちに第二四三（二）簡・第二四三（三）簡・第二四四（二）簡・第二四四（三）簡が発見されたことに伴い、特に後半部分の配列が大幅に変更された（陶安二〇一六、三四七～三五七頁）。第二三七簡冒頭は上部が断絶し、左側にも欠損が見られ、文字が十分に読み取れないため、ラウ等は「☒□六年九月□□□☒」と釈す（Lau and Staack 2016: 296）。対して陶安は、①本簡冒頭の残画より「六」の上の字は「十」・「廿」・「卅」のいずれかの可能性が考えられる、②秦王政一六年（前二三一年）、秦始皇二六年（前二二一年）、秦始皇三六年（前二一一年）の九月の朔日はそれぞれ「丁未」、「己卯」、「辛巳」であるが、本簡「九月」の下の残画に近いのは「己卯」である、③後段第二四四（三）簡に見える「制曰可」は秦始皇二六年（前二二一年）以降の用語である、という諸点より、本簡冒頭を「廿（二十）六年九月己卯朔……」と釈す（陶安二〇一九A、一二六～一二七頁）。陶安が「己卯」の下を「朔」とするのは、冒頭に事件の年月日を明記する案例（一・二・一四）が「〇〇年〇月〇〇朔」に作るのに拠ったのであろう。また陶安は、①案例の多くが冒頭の「某年某月某日」や「某敢言之」などの定型句を省いている、②本案例は県が作成した上行文書と制詔から成る複合文書である、という二点より、年月日を含む本簡は後半の制詔の冒頭部分、すなわち第二四五簡と第二四三（三）簡との間に移すべきかもしれないとする（陶安二〇一六、三五三頁）。

〔二二〕〔案〕陶安修訂本は本簡（第二三八簡）冒頭に「【𤠫等曰】」と補い、本簡を「𤠫等」の証言の一部と推測する。ラウ等は、後段に「𤠫等十二歩」とあり、本簡にも「與偕環（還）走十二歩」とあることから、整理小組の推測に拠る（Lau and Staack 2016: 296）。「獨」は、例えば「秦律十八種」倉律（第二一～二七簡）に「入禾未盈萬石而欲增積焉、其前入者是增積、可毆（也）。……後節（卽）不備、後入者獨負之」とあり、複数の対象から単独の対象を限定するときに用いられる。すなわち、クラに先に穀物を納入した者と後に納入した者がいて、穀物に「不備」が生じた場合、後に納入した者だけが賠償義務を負う、という具合である。本簡の場合、「（われわれ＝𤠫等）だけはあえて前進せず、臆病風に吹かれた」という意味になる。もっとも、後段で言及されるように、逃走した者の中には「𤠫等」だけでなく、「得等」も含まれている。しかし、「𤠫等」が「十二歩」逃走した後に途中でとどまって「反寇」の追撃を食い止めたのに対し、「得等」は「卌（四十）六歩」も逃走した結果、戦死者まで出している。それゆえに、「繆等」と「得等」を差別化するために「獨」字が用いられているのであろう。

〔三〕〔陶安注〕「畏耎」とは、臆病で軟弱なこと。「二年律令」（第一四二～一四三簡）に「與盜賊遇而去北、及力足以追逮捕之、而官□□□□□逗留畏耎弗敢就、奪其將爵一絡〈級〉、免之。毋（無）爵者、戍邊二歳」とある。「耎」字は、伝世文献ではあるいは「懦」・「愞」に作る。『史記』巻一一四東越列伝に「是時、漢使大農張成・故山州侯齒將屯、弗敢擊、却就便處、皆坐畏懦誅」、『漢書』巻六武帝紀に「匈奴入鴈門、太守坐畏愞棄市」、顔師古注に引く如淳の言に「軍法、行逗留畏懦者要斬」とある。「懦」・「愞」は而兗の切（ruan）で読むようである。『史記』巻九六張丞相列伝に「南出者、太上皇廟堧垣」、裴駰『集解』に引く如淳の言に「堧音「畏愞」之「愞」」、司馬貞『索隠』に「如淳音「畏愞」之「愞」、乃喚反。韋昭音而緣反、又音輭」とある。〔案〕「畏耎（懦・愞）」に対する処罰について、「二年律令」（第一四二～一四三簡）では爵位の剝奪ないし戍辺刑に留まるのに対し、『史記』巻一一四東越列伝や『漢書』巻六武帝紀では死刑（「誅」・「棄市」）に処するとされている。これは、前者が平時の盗賊追捕に際しての「畏耎」であるのに対し、後者は東越や匈奴との対外戦争時における「畏懦（愞）」であるためであろう。中国古代において、皇帝から兵権を委ねられた将軍の陣営は治外法権を有し、その内部では「軍法」と呼ばれる特別な法令が用いられた。「軍法」

の内容は将軍が必要に応じてそのつど定めるが、通常の法律よりも厳しく処罰される傾向にあったという（大庭一九八二、三七〇～三七四頁、黄一九九〇、九三～九四頁、陳偉武一九九六、九八～一〇〇頁）。本案例でも「反寇」から逃走した軍吏や兵卒が「畏耎」と見なされているが、後段に添付された制詔によれば、彼らは先に逃げたか否かに応じて、上は城旦・鬼薪・隷臣、下は爵位剝奪および期限つきの戍辺刑に処されたと目される。なお、ラウ等は「畏耎」の類例として、反乱鎮圧に際して逃亡した人々について扱った「奏讞書」案例一八に「律、儋乏不鬭、斬」とあることを指摘しているが（Lau and Staack 2016: 297）、これによれば、国内の反乱鎮圧時に逃亡したり戦闘に参加しなかった者が死刑に処されるケースもあったようである。本案例と「奏讞書」案例一八との関係については本案例注二五も参照。

〔四〕〔案〕「與偕」について、ラウ等は「「得等」とともに」と訳出する（Lau and Staack 2016: 297）。しかし、それでは、「（われわれ＝獿等は「得等」）とともに十二歩逃走した」となってしまい、後段にて「得等」が「卌六歩」逃走したとしていることと矛盾する。ここでの「與偕」は「「得等」とともに」、という意味ではなく、「獿」が複数人で逃走したことと解するのが妥当であろう。「環（還）走」は、例えば『史記』巻一〇六呉王濞列伝に「梁孝王恐、遣六將軍擊吳、又敗梁兩將、士卒皆還走梁」とあるように、「もといた場所へ逃走する」こと。

本案例では、「獿等」や「得等」の逃走した歩数が問題とされているが、その歩数は接敵した戦場からもといた陣営ないし本拠地に向かって逃げた歩数を示しているのであろう。「歩」は、『史記』巻六秦始皇本紀・二六年条に「衣服旄旌節旗皆上黑。數以六爲紀、符・法冠皆六寸、而輿六尺、六尺爲步、乘六馬」、『索隠』に「『管子』・『司馬法』皆云六尺爲步。譙周以爲步以人足、非獨秦制」とあるのによれば、「六尺」、すなわち約一・四メートルに相当し、「十二歩」は約一六・八メートルとなる（Lau and Staack 2016: 297）。戦闘から逃走した歩数については、『孟子』梁恵王上篇に見える「五十歩百歩」の説話が想起される。そこでは、善政を行っていると自負する梁恵王が「なぜ、周囲の国から人々がやってこないのか」と問うたのに対し、孟子は戦場で五〇歩逃走した兵士が一〇〇歩逃走した兵士をあざ笑う話を持ち出し、梁恵王の「善政」は他国の政治と大して違いがないと諫めている。曹旅寧は本案例をもとに、当時においては戦場で逃走した兵士の処罰が逃走した歩数に応じて決められていたとした上で、『孟子』の説話は当時の軍法を下敷きにして創られたものであるとする（曹二〇一三B）。もっとも、本案例末尾に添付されている制詔によると、逃走した兵士の処罰は先に逃げたのか否かによって決められていたようである。李章星は、本案例にて「得・縮等」の中に「百歩」逃走した者がいたことが問題視されていることに注目し、中国古代において「百歩」とは弓弩の届かない安全地帯を意味していたとした上で、「卒に死傷する者無し」という「積・秙等」は交戦地帯から「百歩」離れた地点で動かず、「瘳等」はそこからさらに「十二歩」、「得・綰等」は「卌（四十）六歩」それぞれ逃走したと解している（李二〇二〇C、一一二〜一一四頁）。

〔五〕〔陶安注〕「反寇」とは、反逆する賊のこと。おそらく残存している反秦勢力を指すのであろう。『史記』巻八高祖本紀に「八年、高祖東撃韓王信餘反寇於東垣」とあり、「奏讞書」案例一八（第一二四〜一七三簡）も参考になる。〔案〕「反寇」は里耶秦簡（9-2287）にも見える。そこでは、秦王政二五年（前二二二年）に遷陵県が「反寇」に襲撃された際、当該県に被疑者として拘束されていた「男子它」が逃走した事件について記されているが、そこに見える「反寇」も秦の支配に反発する人々をさす可能性が高い。「奏讞書」案例一八も、始皇二七年（前二二〇年）に起こった反乱に関する事件を扱ったものであるが、そこでは反乱を起こした人々のことを「反盗」ないし「反羣盗」と呼んでいる。あるいは、秦の中国統一前後に、反乱勢力に対する呼称が「反寇」から「反盗」ないし「反羣盗」に変更されたのかもしれない。この点、陳勝・呉広の乱が起こった際、二世皇帝が「反」と報告した謁者を投獄したのに対し、「羣盗」と報告した謁者を赦したとするエピソードが想起される（『史記』巻六秦始皇本紀・二世元年条）。

〔六〕〔単簡摹本注釈〕第二三八簡（清理番号1067-1）のカラー図版の上には第二四三（二）簡（清理番号1067-2）が貼り付いており、簡が覆い被さっている上半分の字跡、すなわち摹本の「□

不敢獨前畏耎與偕環走十二歩」一四字については赤外線図版に拠った。〔案〕図版本・陶安修訂本の釈文はともに「共射【□□□】」に作り、「共射」以下に三文字入ると推測しているが、図版本の「第四類 編聯図版」（二三七頁）において第二三八簡と第二四一～二四四簡とを比較してみると、第二三八簡末尾の断絶部分には確かにおよそ三文字分のスペースが認められる。陳松長修訂本は、以下の理由より第二三八簡を第二四三（二）簡の後に移すべきであると主張する。①第二四一簡に見える「⿰犭翏等」の証言では、逃走した歩数「十二歩」に概数であることを示す「可」が冠されているが、「診・丈・問」を経た後の「鞫」の段階では、「得等」の逃走歩数「卌六歩」に「可」がついていない。これは、「診・丈・問」という現場検証を経たことで正確な逃走歩数が判明したためである。第二三八簡に見える逃走歩数「十二歩」にも「可」が冠されていないので、「鞫」の後に移すべきである。②第二三八簡は「⿰犭翏等」の証言と解されるが、本案例で裁かれているのは「得等」であるから、その「得等」より前に「⿰犭翏等」の証言が配列されるとは考え難い（陳松長二〇一八B、一六八頁）。対して陶安は、本案例の配列は文書の形式や各簡の位置関係、反印文などに基づいて決定したもので、それらを勘案する限り、少なくとも第二三八簡・第二三九簡の配列は変更できないとする（陶安二〇一九A、一二八～一三一頁）。

〔七〕〔単簡摹本注釈〕旧著では残132と残521＋697を分割して第二四八簡と第二五一簡としてナ

ンバリングし、それらを「待考残簡」として第五類に編入したが、今、欧揚の修訂本に拠って第二三九簡の上方に配列した。詳細は陶安「岳麓書院秦簡《為獄等状四種》第三類・第四類巻冊釈文・注釈及編連商権」を見よ。赤外線図版を撮影したときに第二三九簡（清理番号0493-1）は上に第二四三（三）簡（清理番号0493-2）が貼り付いていたが、摹本では一括して描き出した。「歩」以下の字跡の右側はいずれも覆われてしまっており、多数の字が認識できない。六個目・七個目の未読字の残画は「畏㝡」のように見える。〔案〕陶安修訂本が指摘するように、図版本では第二三九簡を「☐走可卌六□□□□□□……☐」（0493-1）としていたが、陳松長修訂本が「待考残簡」とされていた複数の断片を加えて第二三九簡を再構成する案を提示した（陳松長二〇一八B、一六七～一六八頁）。対して陶安は、復元に用いられた断片（残132・残521＋残697）の形状がもとの第二三九簡（0493-1）と合致しないことを問題視しつつも、そこに確認できる編綴痕を手がかりに断片を配列すると、その長さが上下完整している第二四一簡とほぼ合致することから、陳松長修訂本の復元に全面的に従っている（陶安二〇一九A、一三一～一三二頁）。「四十六歩」は一歩を約一・四メートルとすると、約六四・四メートルとなる。

〔八〕〔案〕図版によると、本簡（第二四〇簡）の上部は完整しているが、その簡文は前の簡から続くような内容になっている。図版本・陶安修訂本はともに「【詰猾等、……】積・秥」

と補い、本簡を「謬等」に対する詰問の一部と推測する。次簡（第二四一簡）に「誠畏耎而與偕環（還）走可十二歩」とあり、その内容は「謬等」の証言と目されるため、本簡を「謬等」に対する詰問、次簡をその詰問に対する「謬等」の返答と推測したのであろう。

〔九〕〔陶安注〕「伍」とは、五人の隊列を組織すること。「二年律令」（第一四〇〜一四一簡。案例一注三九参照）を見よ。「符」とは、五人が互いに保証し合う符券、つまりは伍符のこと。『漢書』巻五〇馮唐伝に「夫士卒盡家人子、起田中從軍、安知尺籍伍符」、顔師古注に引く李奇の言に「尺籍所以書軍令。伍符、軍士五五相保之符信也」とある。「束符」とは、おそらく伍符を用いて約束すること。『六韜』龍韜・農器篇に「田里相伍、共約束符信也」、『商君書』境内篇に「五人來簿爲伍」とある。孫詒讓『札迻』商子篇は『尉繚子』束伍令などの用例をもとに「來簿」を「束簿」と改めているが、その構成原理は「束符」と同じであるようである。後段第二四三簡の鞫では得等が「不伍束符」であったために「忌以射死」などの結果をもたらしたとしており、本簡「伍束符、卒毋（無）死傷者」とまさに正反対である。〔案〕「伍」とは、『尉繚子』伍制令に「軍中之制、五人爲伍、伍相保也。……伍有干令犯禁者、揭之免於罪、知而弗揭、全伍有誅」とあるように、戦争に際して五人ごとにグループを作り、相互に監視させて連帯責任を負わせる制度のこと。陶安注も言及するように、「二年律令」捕律に「羣盜殺傷人、賊殺傷人、强盜、卽發縣道、縣道亟爲發吏徒足以追捕之。……吏將徒、追求盗賊、必伍之」（第一四〇～一四三簡）とあり、盗賊追捕に際して徴発された兵卒も「伍」に編成された。「束符」について、陶安注は「伍符を用いて拘束すること」と解する。その意図について、陶安は別論文で以下のように説明する。①里耶秦簡には、「走」・「養」として官吏の下働きをする徒隷に対して「其の符を定め」たり、「籍を定」める事例が見えるが（8-1560、8-1518+8-1490）、これらは徒隷に身分証として「符」を発行することで、彼らの行動を管理していたことを意味する、②本案例に見える「伍束符」も「伍」に編成された兵卒に「符」を発行することで、彼らに相互監視や連帯責任を負わせることを意味する（陶安二〇一九A、一三四～一三七頁）。なお、陶安も指摘するように、岳麓秦簡「秦律令（壹）」（第一七七簡）に「●奔敬（警）律曰、先粼黔首當奔敬（警）者、爲五寸符、人一、右在【縣官】、左在黔首、黔首佩之、節（卽）奔敬（警）」とあり、「伍」に編成された民衆に「符」を発行するという規定が見える。「伍束符」について、整理小組注は「列隊受兵符管束」（隊列に加わって伍符を受け取って拘束される）と訳出していた。しかし、のちに本案例の簡の配列および内容が大幅に修訂されたことに伴い、本案例に登場する「瘳等」・「得・文・芻・慶・綰等」・「積・秳等」をいずれも部隊を率いる指揮官と推定し（本案例注二五参照）、「伍束符」も「組隊施加伍符管束」（隊列を組んで伍符を与えて拘束する）と訳を変更している（陶安二〇一九A、一三四～一三七頁）。

〔一〇〕〔単簡摹本注釈〕旧著では残304を第二五〇簡とナンバリングし、「待考残簡」として第五類に編入したが、今、欧揚修訂本を参考に第二四〇簡の下に配列した。詳細は前注陶安論文［本案例注七参照――楯身補］を見よ。〔陶安注〕第二四〇簡は文脈や簡冊の構成に依拠して配列し、「二歩」や「不」は第二三八簡の簡文に依拠した。「謬等何故」・「何解」・「謬等曰」は文脈や文書の書式に依拠して仮に補った。〔案〕陶安注が指摘するように、図版本では第二四〇簡を「積・秙。積・秙等伍束符、卒毋（無）死傷者。……」（1066）としていたが、陳松長修訂本は「……□、與偕環走可十……」（残304）を第二五〇簡として第二四〇簡と第二四一簡の間に挿入している（陳松長二〇一八B、一六八頁）。対して陶安は、①第二四一簡は、「誠」や「辠（罪）。毋（無）解」といった語句が見えるので、獄吏の詰問に対する「謬等」の供述と解される、②すると、その前に位置する第二四〇簡は獄吏の詰問と考えられ、その内容は「積・秙等は伍を編成して伍符によって連帯責任を負っており、兵卒の中に死傷者もいなかった。（それなのになぜ）一二歩ばかり逃走したのか」と推測できる、③ただし、各簡の位置関係からすると、第二四〇簡と第二四一簡の間にさらに一本分の簡が入るとは考え難い、④第二四〇簡（1066）の上端は完整しており、第二五〇簡（残304）の下端には編綴痕が見えるが、両者を一簡として配列すると、その長さは他簡とおおよそ合致する、という諸点より、第二四〇簡と第二五〇簡を一簡として再構成するとともに、断簡部分に複数の文言を補っている（陶安二〇一九A、一三二〜一三四頁）。

〔一一〕〔陶安注〕「陳」字は第二四四簡（清理番号0406）の反印文より補った。

〔一二〕〔陶安注〕「笿」は、おそらく「格」、あるいは「落」に通じる。つまりは郊外の民衆が集住する村落のこと。北京大葆《だいほ》台《だい》漢墓竹簡に「樵中格吳子運」、『史記』巻一一九酷吏列伝に「（王溫舒）置伯格長以牧司姦盜賊」、裴駰『集解』に引く徐広の言に「（格）一作「落」。古村落字亦作「格」。街陌屯落皆設督長也」、司馬貞『索隠』に「伯音阡陌、格音村落、言阡陌村落皆置長也」とある。〔案〕「笿」が「落」に通じることについては、『説文』竹部「笿、桮笿也」の段玉裁注に「今人作絡、古當作笿、亦作落」とある。整理小組注では、「笿」を「虎落」、すなわち敵の侵入を防ぐための防御施設と解していた。これに対して荘小霞は、「笿」を村落と解した（荘二〇一三B）。陶安によると、整理小組注では「反寇」を各地に分散して秦に遊撃をしかける反秦勢力と解したために「笿」を防御施設と解したが、彼らが各地の集落間を放浪していた可能性もあるので、荘説に従ったとする（陶安二〇一九A、一三七頁）。本句では、「繆等」が追撃してきた「反寇」を撃退した結果、「反寇」が逃亡して「笿中」に入ってしまったため、「繆等」が罪に問われている。「二年律令」捕律（第一四〇〜一四三簡）に「盜賊以短兵殺傷其將及伍人、而弗能捕得、皆戍邊二歲。卅（三十）日中能得其半以上、盡除其罪。得不能半、得者獨除」とあり、盜賊が追捕隊の官吏や徒卒を殺傷した場合、生き残った官吏や徒卒は三〇日以内にその盗賊を半分以上捕縛しなければ、処罰された。本案例でも「忌」や「卒の喜」のような戦死者が出ており、本来ならば猻等は反寇を半分以上捕縛しなければならなかったが、一度は撃退したにせよ、最終的に取り逃がしてしまったために、有罪とされたのであろう。すると、「反寇」が逃げ込んだ「咎中」は「虎落」のような一時的な防御施設ではなく、村落のような防衛拠点でなければ、話が通らない。よって、ここでは荘説に従い、「格」と読み替えておく。

〔一三〕〔陶安注〕「丈」は、測量すること。『左伝』襄公九年に「巡丈城」、杜預注に「丈、度也」、「法律答問」（第六簡）に「甲盗牛、盗牛時高六尺、毄（繫）一歳、復丈、高六尺七寸」とある。〔案〕「診問」ないし「問」は関係各署への照会を意味するが（案例一注四四参照）、ここでは「丈」という手続きが加わっている。以下の文では、「得等」や「猻等」が逃走した歩数や戦場の様子などが記されているので、「丈」とは官吏が現場に出向いて行った測量作業を意味するのであろう。

〔一四〕〔案〕「術」は、『説文』行部に「邑中道也」とあるように、道のこと。陶安修訂本も同様に訳出している。

〔一五〕〔単簡摹本注釈〕第二四二簡（清理番号0472-2）はもともと第二四四（二）簡（清理番号0472-1）の下に圧迫されていたが、赤外線でスキャンするときに剝離した。これにより、旧著では彩色図版を欠く。摹本は赤外線図版のみに依拠した。〔案〕単簡摹本注釈のうち、「第二四四（二）簡」の部分は、当初は「0472-1（律令簡）」となっていたが、のちに訂正された（陶安二〇一六、三五〇頁）。

〔一六〕〔案〕「短兵」は、『史記』巻一一〇匈奴列伝に「其長兵則弓矢、短兵則刀鋋」とあるように、刀剣などの近接戦闘用武器のこと。本句は上句「忌以射死」と対比させると、「卒喜等【以】短兵死」と補えるごとくであるが、図版・摹本によれば、本句を含む第二四三簡はほぼ半分に折れており、当該箇所はちょうどその断絶部分にあたるため、字跡を読み取ることじたいが困難である。

〔一七〕〔陶安注〕第二四三（二）簡はあるいは上申文書にあたるのかもしれない。〔案〕図版本の釈文では第二四三簡と第二四四簡を接続させて「逢包皆致灋焉」としていたが、のちに第二四三（二）簡（1067-2）・第二四三（三）簡（0493-2）が発見されたのに伴い、釈文が大幅に訂正された（陶安二〇一六、三四七～三五〇頁）。第二四三（二）簡は第二三八簡の上部に付着していたというが（陶安二〇一六、三四七頁）、彩色図版を見ると、確かに第二三八簡の左上部に別簡の文字の残画らしきものが確認できる。

〔一八〕〔陶安注〕残画や文脈から推測するに、二つの未読字はおそらく「縮等」であろう。

〔一九〕〔案〕本簡（第二四五簡）「☒□□觳它縣論☒」は、図版本の釈文では本案例の末尾に配列されていたが、第二四三簡（二）・第二四三（三）簡および第二四四（二）簡・第二四四（三）簡が発見されたことに伴い、陶安は以下の理由から第二四五簡の配列を変更すべきことを主張している。すなわち、①新たな簡が追加されたことで、本案例が郡県から中央への上行文書と皇帝の制詔を組み合わせた複合文書であることが判明した、②皇帝の制詔は第二四三（三）簡「☐□臣《?》信請取□☐」から始まって第二四四（三）簡「臣昧死請●制曰可」で終わるはずである、③第二四五簡「☐□□毄它縣論☐」は郡県の上行文書を締めくくる常套句を含むので、皇帝の制詔が始まる第二四三（三）簡「☐□臣《?》信請取□☐」の直前に配列されるはずである（陶安二〇一六、三五二～三五三頁）。ここでは陶安説に全面的に依拠し、原文・校訂文を作成した。

〔二〇〕〔陶安注〕「臣信」とは、朝廷の大臣で、名は信。伝世文献によれば、秦には将軍李信がおり、「逐得燕太子丹」の中に名前が見える。秦始皇二三年に秦は楚を攻撃し、当初は李信を将軍としたが、のちに王翦に交代させた。二五年に李信は王賁を従えて「破定燕・齊地」した（『史記』巻七三王翦列伝・巻八六刺客列伝参照）。「綰等畏耎還走案」は軍政と関係があるので、第二四三（三）簡に見える「臣信」はあるいはこの人かもしれない。〔案〕本句「臣信請」や第二四四（三）簡「●制曰、可」は、例えば『漢書』巻五景帝紀・元年条に「丞相臣嘉等奏曰、「……請宣布天下」。制曰「可」」とあるように、制詔の常套句である。大庭脩によると、制詔には①皇帝の自発的な意志によって一方的に出される命令、②官僚が委任されている権限内で献策し、皇帝がそれを認可した結果、皇帝の命令として公布されたもの、③皇帝の意志で特定の官僚に命令を下し、彼らの答申を得て、あらためて命令として公布されたもの、という三形式に分類できるが（大庭一九八二、二〇九頁、二一二頁）、本案例に添付されている制詔は②に相当する。ただし、前半に記された兵士の逃走に関する案件と、後半に添付された制詔との関係は定かではない。考え得る可能性としては、（1）兵士の逃走に関する案件が下級機関から「臣信」に上呈されたため、「臣信」が皇帝に対処案を提案し、裁可された、（2）下級機関が兵士の逃走に関する案件を上呈するに際し、以前に頒布された制詔（皇帝に裁可された「臣信」の対処案）を参考資料として添付した、という二つのパターンが考えられる。仮に（1）であった場合には、本案例全体が制詔としての性格を帯びていたことになる。

〔二一〕〔陶安注〕「最先去」とは、最初に離脱した人のこと。「先者次」とは、最初に離脱した人に続くこと。〔案〕本句について、陶安注は「士兵の中のおびえて軟弱で最も先に逃げ出した者と、その次に逃げた者一二人を選び出し」と訳出する。確かに『漢書』巻四八賈誼伝「莫如先審取舍」の顔師古注に「取、謂所擇用也」とあるように、「取」には「選ぶ」という意味がある。また秦漢律では、例えば「二年律令」傜律（第二七八簡）に「□□工事縣官者復其戸而各其工。大數衛（率）取上手什（十）三人爲復、丁女子各二人、它各一人、勿筭（算）繇（徭）賦」、史律（第四七五・四七六簡）に「試史學童以十五篇、能風（諷）書五千字以上、乃得爲史。有（又）以八體（體）試之、郡移其八體（體）課大（太）史、大（太）史誦課、取冣（最）一人以爲其縣令史、殿者勿以爲史。三歲壹並課、取冣（最）一人以爲尚書卒史」とあるように、複数人の中から条件に合う者をピックアップして何らかの措置を下すときに「取」字を用いることがある。

〔二二〕〔案〕図版本の釈文では「十四人」に作っていた。図版によると、本句の「十四」とされていた部分は右側がやや欠けているが、陶安はそのうちの「十」字の残画が「廿」字に近く、また「廿四人」とすると、上記「十二人」のちょうど二倍となって、逃亡した兵卒の処罰内容としても合理性が高いことから、本句を「廿四人」と訂正したとする（陶安二〇一九A、一三七～一三八頁）。

〔二三〕〔陶安注〕「奪爵」とは、爵位を剝奪する刑事処分。「秦律雜抄」（第三七簡）に「戰死事不出、論其後。有（又）後察不死、奪後爵、除伍人」、「二年律令」（第一八六簡）に「博戲相奪錢財、若爲平者、奪爵各一級、戍二歲」とある。秦代では他に職権によって爵位を喪失させる行政行為があり、「削爵」と呼び、「奪爵」とは区別がある。案例五注一〇参照。

〔二四〕〔陶安注〕「制」とは、裁決・決断。秦始皇二六年以降は文書の用語となり、もっぱら皇帝の命令をさす。『説文』刀部に「制、裁也」、『史記』巻三九晋世家に「晉國政皆決知伯、晉哀公不得有所制」、『史記』巻六秦始皇本紀に「（二六年）命爲制、令爲詔、天子自稱曰朕」、『独断』に「漢天子正號曰皇帝……其命令、一曰策書、二曰制書、三曰詔書、四曰戒書。……制書、帝者制度之命也。其文曰制」とある。二六年の更名は里耶秦簡（8-461正）にも見え、「以王令曰以皇帝詔、承命曰承制」とある。

〔二五〕〔案〕陶安は、「□臣信請」から始まる制詔の内容を以下のように解釈する。すなわち、第二四四簡冒頭に「皆致灋（法）焉」とあるが、これは逃亡罪の主犯を死刑に処することを意味する。また、「有（又）取卒畏耎㝡（最）先去」以下は逃亡に責任を負う必要のない一般兵卒の処罰を意味する。すると、本案例にて取調べを受けている「⿰犭翏等」・「得・文・芻・慶・綰等」・「積・秙等」はいずれも一般兵卒ではなく、大小の部隊を率いる指揮官であったということになる（陶安二〇一九A、一三八～一三九頁）。これを踏まえて制詔の内容を整理すると、

①指揮官　死刑
②最初に逃走した者およびそれに続いた兵卒一二名　完城旦・鬼薪
③次に逃走した兵卒二四名　隷臣
④その他の逃走した兵卒　爵位剥奪＋戍辺刑

（故上造以上：四年、故公士：六年、故公卒以下：八年）

となる。確かに、例えば『史記』巻六秦始皇本紀に「二世使使令將閭曰、公子不臣、罪當死、吏致法焉」とあるように、伝世文献上でも「法を致す」という語は「死刑に処する」という意味で用いられることが多い。しかし、『漢書』巻七六趙広漢伝に「(杜) 建素豪俠、賓客爲姦利、(趙) 廣漢聞之、先風告。建不改、於是收案致法」、顔師古注に「致、至也。令至於罪罰之法」とあるように、「致法」という語自体は「刑罰を適用する」という意味しかなく、またそれが死刑のみに対して用いられるわけでもない。逃亡罪に対する処罰が指揮官と一般兵卒とで異なっていた可能性はあるものの、指揮官が常に死刑に処されていたのかどうかという点については、「軍法」の問題も含めて検討を要しよう（本案例注三参照）。

本案例は、「反寇」討伐に際して逃走した「yy等」・「得等」をどのように処分すればよいのか、上級機関に問い合わせた文書の一部と解される。この理解が正しいとすると、当時においては逃走した兵卒を処分するための法規が整備されておらず、それゆえに郡県は上級機関に問い合わせる必要があったということになる。この点、「奏讞書」案例一八（第一二四～一七三簡）が参考になる。そこでは、反乱鎮圧のために徴発された新黔首《しんけんしゅ》が逃走してしまったときの処分方法が問題となっている。すなわち、裁判を担当した攸県令の庫は新黔首を「奪爵令戍」、すなわち爵位を剝奪して戍辺刑に処することで穏便に済ませようとした。ところが、この事件の再審を担当した南郡は、逃走した新黔首を「儋乏不鬭、斬」という律に基づいて処断することは「法」に定められていることであるのに、庫が独断で「奪爵戍邊」で済ませようとしたのは、罪人を勝手に釈放する罪と変わりないとして、庫を耐鬼薪に処すとの判断を下している。本案例注三で指摘したように、逃走した兵卒を死刑に処するという法規は、将軍の陣営内部で用いられる「軍法」に属するものであったと考えられるが、本案例や「奏讞書」案例一八では、そのような「軍法」を徴発した民衆に適用してよいのかどうかということについて常法が存在せず、それゆえに官吏の判断にもブレがあったことを示していよう。ちなみに、「二年律令」捕律（第一四二～一四三簡）に「與盜賊遇而去北、及力足以追逮捕之、而官□□□□□逗留畏耎弗敢就、奪其將爵一絡〈級〉、免之。毋（無）爵者、戍邊二歳」とあるように、有爵者が爵位の剝奪によって戍辺刑を免れるケースもある。張伯元はこれを「爵戍」と呼び、有爵者に広く認められた特権として重視する（張伯元二〇〇五、九三～一〇一頁）。ただし、本案例に見える制詔の場合、逃走した兵卒はたとえ有爵者であっても、爵位剝奪の上で労役刑に処されている。戦闘から逃走した者が「爵戍」の恩恵を得られるのか否かは、時期や状況によって異なっていたのかもしれない。

参考文献

【日本語（五十音順）】

青木二〇二〇　青木俊介「秦代における県の守官任職者について――遷陵県の官吏異動状況から」（『東洋史研究』第七八巻第四号、二〇二〇年、七三～一一三頁）

飯尾一九九五　飯尾秀幸「張家山漢簡『奏讞書』をめぐって」（『専修人文論集』第五六号、一九九五年、九三～一二〇頁）

飯島一九七九　飯島和俊「「文無害」考――「睡虎地秦墓竹簡」を手がかりとして見た秦・漢期の官吏登用法」（『中央大学アジア史研究』第三号、一九七九年、五四～七三頁）

飯島二〇〇二　飯島和俊「「解」字義覚え書き――江陵張家山『奏讞書』所出の「解」字の解釈をめぐって」（池田雄一編『奏讞書――中国古代の裁判記録』刀水書房、二〇〇二年、一一八～一四五頁）

池田一九九五A　池田雄一「漢代の讞制について――江陵張家山『奏讞書』の出土によせて」（『中央大学文学部紀要〈史学科〉』第四〇号、一九九五年、一～三二頁）

池田一九九五B　池田雄一「江陵張家山『奏讞書』について」（『堀敏一先生古稀記念　中国古代の国家と

民衆』汲古書院、一九九五年、一一一～一二七頁）

池田一九九七　池田雄一「秦代の律令について」（『中央大学文学部紀要〈史学科〉』第四二号、一九九七年、四九～八五頁）

池田二〇〇二　池田雄一編『奏讞書——中国古代の裁判記録』（刀水書房、二〇〇二年）

池田二〇〇八　池田雄一『中国古代の律令と社会』（汲古書院、二〇〇八年）

池田二〇一五　池田雄一編『漢代を遡る奏讞——中国古代の裁判記録』（汲古書院、二〇一五年）

石岡二〇〇〇A　石岡浩「漢代刑罰制度における赦の効用——弛刑による刑罰の緩和」（『史観』第一四三冊、二〇〇〇年、一七～三一頁）

石岡二〇〇〇B　石岡浩「漢代有期労役刑制度における復作と弛刑」（『法制史研究』第五〇号、二〇〇〇年、一三七～一六〇頁）

石岡二〇〇五　石岡浩「収制度の廃止にみる前漢文帝刑法改革の発端——爵制の混乱から刑罰の破綻へ」（『歴史学研究』第八〇五号、二〇〇五年、一～一七頁）

石岡二〇〇七　石岡浩「戦国秦の盗罪にみる刑罰加重の法則——城旦舂刑を回避する遷刑の役割」（『中国出土資料研究』第一一号、二〇〇七年、一二二～一四四頁）

石岡二〇一四　石岡浩「公卒・士伍・庶人——秦代軍功爵制度下の差別標識（上）」（『アジア文化研究所研究年報』第四八号、二〇一四年、一五～二七頁）

石原二〇一九　石原遼平「秦漢時代の「徭」」（『東洋文化』第九九号、二〇一九年、五七～九〇頁）

宇都宮一九六五　宇都宮清吉『漢代社会経済史研究（補訂版）』（弘文堂書房、一九六五年）

大櫛一九八五　大櫛敦弘「漢代の「中家の産」に関する一考察――居延漢簡所見の「賈・直」をめぐって」(『史学雑誌』第九四編第七号、一九八五年、四〇～六二頁)
太田二〇〇四　太田幸男「出土法律文書にみえる「盗」について」(『日本秦漢史学会会報』第五号、二〇〇四年、六六～八三頁)
太田二〇〇七　太田幸男『中国古代国家形成史論』(汲古書院、二〇〇七年)
大西一九九八　大西克也「「殹」「也」の交替――六国統一前後に於ける書面言語の一側面」(『中国出土資料研究』第二号、一九九八年、四～二四頁)
大西二〇〇三　大西克也「古代漢語における地域的差異と相互交流――秦楚の出土資料を中心に」(『早稲田大学長江流域文化研究所年報』第二号、二〇〇三年、八三～一〇三頁)
大西二〇〇六　大西克也「戦国時代の文字と言葉――秦・楚の違いを中心に」(『長江流域と巴蜀、楚の地域文化』雄山閣、二〇〇六年、一四六～一七四頁)
大西二〇一四　大西克也「岳麓書院秦簡をめぐって――赤外線スキャンと『占夢書』」(『書法漢学研究』第一五号、二〇一四年、一三～一九頁)
大庭一九八二　大庭脩『秦漢法制史の研究』(創文社、一九八二年)
柿沼二〇〇六　柿沼陽平「張家山第二四七号漢墓竹簡訳注(四)二年律令訳注(四)銭律訳注」(『早稲田大学長江流域文化研究所年報』第四号、二〇〇六年、二六五～三〇三頁)
柿沼二〇〇七　柿沼陽平「張家山第二四七号漢墓竹簡訳注(五)二年律令訳注(五)金布律訳注」(『早稲田大学長江流域文化研究所年報』第五号、二〇〇七年、二九八～三五九頁)

柿沼二〇一一　柿沼陽平『中国古代貨幣経済史研究』（汲古書院、二〇一一年）

柿沼二〇一五A　柿沼陽平『中国古代の貨幣――お金をめぐる人びとと暮らし』（吉川弘文館、二〇一五年）

柿沼二〇一五B　柿沼陽平「岳麓書院蔵秦簡訳注――「為獄等状四種」案例七識劫娞案」（『帝京史学』第三〇号、二〇一五年、一九三～二三八頁）

柿沼二〇一五C　柿沼陽平「中国古代郷里社会の「きずな」と「しがらみ」――戦国時代末期の財産相続に関する裁判を例に」（『つながりの歴史学』北樹出版、二〇一五年、一〇八～一三二頁）

柿沼二〇二〇　柿沼陽平「岳麓書院蔵秦簡「秦律令（壹）」金布律訳注」（『史滴』第四二号、二〇二〇年、九二～一三三頁）

柿沼二〇二一A　柿沼陽平『古代中国の24時間――秦漢時代の衣食住から性愛まで』（中央公論新社、二〇二一年）

加藤一九一八　加藤繁「漢代に於ける国家財政と帝室財政との区別並に帝室財政一斑」（『東洋学報』第八巻第二号、一九一八年、一五九～二〇六頁、『東洋学報』第九巻第二号、一九一九年、一九五～二四四頁。『支那経済史考証』上、東洋文庫、一九五二年所収）

京大二〇〇六　冨谷至編『江陵張家山二四七号墓出土漢律令の研究（訳注篇）』（朋友書店、二〇〇六年）

京大二〇一五　京都大学人文科学研究所簡牘研究班編『漢簡語彙中国古代木簡辞典』（京都大学人文科学研究所、二〇一五年）

工藤一九九八　工藤元男『睡虎地秦簡よりみた秦代の国家と社会』（創文社、一九九八年）

工藤二〇〇五　工藤元男「秦の遷刑覚書」（『日本秦漢史学会会報』第六号、二〇〇五年、六六～九二頁）

熊谷一九九七　熊谷滋三「前漢における「蛮夷降者」と「帰義蛮夷」」（『東洋文化研究所紀要』第一三四冊、一九九七年、一九～七一頁）

小嶋二〇〇三　小嶋茂稔「漢代の国家統治機構における亭の位置」（『史学雑誌』第一一二編第八号、二〇〇三年、一～三三頁）

小林二〇一九　小林文治「秦における盗賊捕縛と民の臨時徴発」（『中国古代の法・政・俗』汲古書院、二〇一九年、一四七～一七四頁）

佐々木二〇〇二　佐々木研太「龍崗秦簡をめぐる研究動向――『龍崗秦簡』の刊行に寄せて」（『二松學舍大学人文論叢』第六八号、二〇〇二年、一七四～一八五頁）

佐竹一九八〇　佐竹靖彦「秦国の家族と商鞅の分異令」（『史林』第六三巻第一号、一九八〇年、一～二九頁）

椎名二〇〇六　椎名一雄「張家山漢簡二年律令に見える爵制――「庶人」の理解を中心として」（『鴨台史学』第六号、二〇〇六年、六五～九三頁）

椎名二〇〇八　椎名一雄「「庶人」の語義と漢代の身分秩序」（『大正大学東洋史研究』創刊号、二〇〇八年、五九～九四頁）

下倉二〇一六　下倉渉「ある女性の告発をめぐって――岳麓書院蔵秦簡「識劫娺案」に現われたる奴隷および「舎人」「里単」」（『史林』第九九巻第一号、二〇一六年、三九～八〇頁）

陶安あんど二〇〇九　陶安あんど『秦漢刑罰体系の研究』（東京外国語大学アジア・アフリカ言語文化研究所、二〇〇九年）
陶安あんど二〇一三　陶安あんど「岳麓秦簡司法文書集成『為獄等状四種』訳注稿――事案一」（『法史学研究会会報』第一七号、二〇一三年、九五～一一六頁）
陶安あんど二〇一四　陶安あんど「「鞫書」と「鞫状」に関する覚書」（東京外大AA研「中国古代簡牘の横断領域的研究」（http://www.aa.tufs.ac.jp/users/Ejina/note/note07(Hafner).html）、二〇一四年三月二四日掲載、二〇二〇年七月三日閲覧）
陶安あんど二〇一五　陶安あんど「岳麓秦簡司法文書集成『為獄等状等四種』訳注稿――事案二」（『法史学研究会会報』第一八号、二〇一五年、一五一～一六〇頁）
陶安あんど二〇一六　陶安あんど「岳麓秦簡司法文書集成『為獄等状四種』訳注稿――事案三」（『法史学研究会会報』第一九号、二〇一六年、一二四～一三七頁）
陶安あんど二〇一七　陶安あんど「岳麓秦簡司法文書集成『為獄等状四種』訳注稿――事案四」（『法史学研究会会報』第二〇号、二〇一七年、一〇五～一二四頁）
陶安あんど二〇一八　陶安あんど「岳麓秦簡司法文書集成『為獄等状等四種』訳注稿――事案五・六」（『法史学研究会会報』第二一号、二〇一八年、一二六～一四五頁）
陶安あんど二〇二〇　陶安あんど「岳麓秦簡司法文書集成『為獄等状四種』訳注稿――事案八」（『法史学研究会会報』第二三号、二〇二〇年、一五七～一六七頁）
陶安あんど二〇二一　陶安あんど「岳麓秦簡司法文書集成『為獄等状四種』訳注稿――事案九」（『法史学研究

会会報』第二一号、二〇二一年、一〇一～一一三頁)

鈴木二〇一二　鈴木直美『中国古代家族史研究――秦律・漢律にみる家族形態と家族観』(刀水書房、二〇一二年)

瀬川二〇〇三　瀬川敬也「秦漢時代の身体刑と労役刑――文帝刑制改革をはさんで」(『中国出土資料研究』第七号、二〇〇三年、八二～一〇二頁)

専修大二〇〇四　専修大学『二年律令』研究会「張家山漢簡『二年律令』訳注(3)――具律」(『専修史学』第三七号、二〇〇四年、一二三～一八一頁)

専修大二〇〇七　専修大学『二年律令』研究会「張家山漢簡『二年律令』訳注(8)――效律・傅律・置後律」(『専修史学』第四二号、二〇〇七年、一九八～二六二頁)

専修大二〇一五　専修大学『二年律令』研究会「『岳麓書院蔵秦簡(参)』訳注(一)――第一類案例〇一「癸・瑣相移謀購案」」(『専修史学』第五九号、二〇一五年、七三～一三二頁)

専修大二〇一六　専修大学『二年律令』研究会「『岳麓書院蔵秦簡(参)』訳注(二)――第一類案例〇二「尸等捕盗疑購案」」(『専修史学』第六一号、二〇一六年、一～二六頁)

専修大二〇一七　専修大学『二年律令』研究会「『岳麓書院蔵秦簡(参)』訳注(三)――第一類案例〇三「猩・敞知盗分贓案」」(『専修史学』第六三号、二〇一七年、二六～七三頁)

専修大二〇二一A　専修大学『二年律令』研究会「『岳麓書院蔵秦簡(参)』訳注(四)――第一類案例〇四「芮盗売公列地案」」(『専修史学』第七〇号、二〇二一年、五二～一一〇頁)

専修大二〇二一B　専修大学『二年律令』研究会「『岳麓書院蔵秦簡(参)』訳注(五)――第一類案例〇五

「多小未能与謀案」」（『専修史学』第七一号、二〇二一年、七三～一三二頁）

専修大二〇二二　専修大学『二年律令』研究会「『岳麓書院蔵秦簡（参）』訳注（六）——第一類案例〇六「暨過誤失坐官案」」（『専修史学』第七二号、二〇二二年、二二～五八頁）

早大一九九四　早稲田大学秦簡研究会「雲夢睡虎地秦墓竹簡「封診式」訳注初稿（四）」（『史滴』第一六号、一九九四年、七六～九六頁）

鷹取一九九六　鷹取祐司「居延漢簡劾状関係冊書の復原」（『史林』第七九巻第五号、一九九六年、七八～一一四頁）

鷹取二〇〇三　鷹取祐司「漢代の裁判手続き「劾」について——居延漢簡「劾状」の分析から」（『中国出土資料研究』第七号、二〇〇三年、五七～八一頁）

鷹取二〇〇六　鷹取祐司「二年律令九三簡「診報辟故弗窮審」条についての一考察」（『江陵張家山二四七号墓出土漢律令の研究』朋友書店、二〇〇六年、四一～六五頁）

鷹取二〇〇八　鷹取祐司「秦漢時代の刑罰と爵制的身分序列」（『立命館文学』第六〇八号、二〇〇八年、二二～四二頁）

鷹取二〇一五　鷹取祐司『秦漢官文書の基礎的研究』（汲古書院、二〇一五年）

鷹取二〇二二　鷹取祐司「秦漢代「庶人」考証」（『中国出土資料研究』第二六号、二〇二二年、一～二八頁）

多田二〇二〇　多田麻希子「出土簡牘にみえる「室」・「戸」・「同居」をめぐる諸問題と家族」（『秦漢時代の家族と国家』専修大学出版局、二〇二〇年）

楯身二〇一四　楯身智志『漢代二十等爵制の研究』（早稲田大学出版部、二〇一四年）

田村他二〇一一　田村誠・吉村昌之「『九章算術』訳注稿（一〇）」（『大阪産業大学論集人文・社会科学編』第一一号、二〇一一年、一～一九頁）

辻二〇一〇　辻正博「流刑の淵源と理念」（『唐宋時代刑罰制度の研究』京都大学学術出版会、二〇一〇年、五～四九頁）

土口二〇一五　土口史記「秦代の令史と曹」（『東方学報』第九〇冊、二〇一五年、一～四七頁）

土口二〇二一　土口史記「秦代地方支配途径再探」（徐少華・谷口満・羅泰主編『楚文化与長江中流早期開発国際学術研討会論文集』武漢大学出版会、二〇二一年、三八六～三九五頁）

土口二〇二二　土口史記「秦代の御史と監御史」（『東洋史研究』第八〇巻第四号、二〇二二年、一～三〇頁）

冨谷一九九八　冨谷至『秦漢刑罰制度の研究』（同朋舎、一九九八年）

冨谷二〇一六　冨谷至『漢唐法制研究』（創文社、二〇一六年）

直井一九九九　直井晶子「前漢初期の県令と門下・舎人――張家山漢簡「奏讞書」案件十六をめぐって」（『史滴』第二一号、一九九九年、一九～三三頁）

直井二〇〇〇　直井晶子「前漢における郡県財政と少府・小府・少内」（『中国出土資料研究』第四号、二〇〇〇年、二五～五〇頁）

西嶋一九六一　西嶋定生『中国古代帝国の形成と構造――二十等爵制の研究』（東京大学出版会、一九六一年）

濱口一九六六　濱口重國『秦漢隋唐史の研究』上巻（東京大学出版会、一九六六年）

林一九九六　林巳奈夫編『漢代の文物』（朋友書店、一九九六年）

久村一九五四　久村因「前漢の遷蜀刑に就いて——古代自由刑の一側面の考察」（『東洋学報』第三七巻第二号、一九五四年、二三三～二六三頁）

平中一九六七　平中苓次『中国古代の田制と税法』（東洋史研究会、一九六七年）

廣瀬二〇一〇　廣瀬薫雄『秦漢律令研究』（汲古書院、二〇一〇年）

堀一九九六　堀敏一「中国古代の家と戸」（『中国古代の家と集落』汲古書院、一九九六年、三～九三頁）

増淵一九九六　増淵龍夫『新版中国古代の社会と国家』（岩波書店、一九九六年）

水間二〇〇二　早稲田大学簡帛研究会（水間大輔担当）「張家山第二四七号漢墓竹簡訳注（三）賊律訳注（一）」（『早稲田大学長江流域文化研究所年報』創刊号、二〇〇二年、二一三～二三五頁）

水間二〇〇七　水間大輔『秦漢刑法研究』（知泉書館、二〇〇七年）

水間二〇〇九A　水間大輔「秦・漢の亭卒について」（工藤元男・李成市編『東アジア古代出土文字資料の研究』雄山閣、二〇〇九年、一一一～一三一頁）

水間二〇〇九B　水間大輔「秦・漢の亭吏及び他官との関係」（『中国出土資料研究』第一三号、二〇〇九年、八四～一〇四頁）

水間二〇一六　水間大輔「秦漢「県官」考」（『中国古代史論集——政治・民族・術数』雄山閣、二〇一

六年、九一～一一七頁）

水間二〇一七　水間大輔「張家山漢簡「奏讞書」と岳麓書院蔵秦簡「為獄等状四種」の形成過程」（『東洋史研究』第七五巻第四号、二〇一七年、一～三九頁）

宮宅一九九八　宮宅潔「秦漢時代の裁判制度——張家山漢簡「奏讞書」より見た」（『史林』第八一巻第二号、一九九八年、三五～六八頁）

宮宅二〇一一　宮宅潔『中国古代刑制史の研究』（京都大学学術出版会、二〇一一年）

宮宅二〇一五　宮宅潔「里耶秦簡「訊敬」冊書識小」（秦代出土文字史料の研究 http://www.shindai.zinbun.kyoto-u.ac.jp/sakki_pdf/zinkei_sassho_miyake.pdf 所載、二〇一五年七月五日掲載、二〇二三年九月一三日閲覧）

宮宅二〇一九　宮宅潔「秦代の「傜」と「戍」——その字義をめぐって」（秦代出土文字史料の研究 http://www.shindai.zinbun.kyoto-u.ac.jp/sakki_pdf/youjyu_miyake.pdf 所載、二〇一九年四月一日掲載、二〇二二年八月五日閲覧）

宮宅二〇二三　宮宅潔『岳麓書院所蔵簡《秦律令（壹）》訳注』（汲古書院、二〇二三年）

宮崎一九九一　宮崎市定『宮崎市定全集』第三巻（岩波書店、一九九一年）

籾山一九八五　籾山明「秦の裁判制度の復元」（林巳奈夫編『戦国時代出土文物の研究』京都大学人文科学研究所、一九八五年、五二九～五七三頁）

籾山一九八六　籾山明「漢代結僤習俗考——石刻史料と郷里の秩序（１）」（『島根大学法文学部紀要・文学科編』第九号、一九八六年、一～二〇頁）

籾山一九九二　籾山明「爰書新探——漢代訴訟論のために」（『東洋史研究』第五一巻第三号、一九九二年、三〇七～三四八頁）

籾山二〇〇六　籾山明『中国古代訴訟制度の研究』（京都大学学術出版会、二〇〇六年）

籾山二〇一五　籾山明『秦漢出土文字史料の研究』（創文社、二〇一五年）

守屋一九六八　守屋美都雄『中国古代の家族と国家』（東洋史研究会、一九六八年）

山田一九九一　山田勝芳「中国古代の士人と庶人関係」（寺田隆信編『中国社会における士人庶民関係の総合的研究（課題番号01301046）』平成元年・平成二年度科学研究費補助金総合研究〈A〉研究成果報告書、一九九一年、一～一〇頁）

山元二〇一七　山元貴尚「簡牘にみえる帰義について」（中国古代史研究会編『中国古代史研究第八——創立七十周年記念論文集』研文出版、二〇一七年、四〇七～四二九頁）

湯浅二〇一四　湯浅邦弘『竹簡学——中国古代思想の探求』（大阪大学出版会、二〇一四年）

横田二〇二〇　横田恭三「岳麓書院蔵秦簡の形式とその書風」（『跡見学園女子大学文学部紀要』第五五号、二〇二〇年、一九～三三頁）

李二〇二〇A　李筱婷「清華簡『赤鳩之集湯之屋』訳注」（『中国出土資料研究』第二四号、二〇二〇年、一八五～一九八頁）

劉二〇一一　劉欣寧「秦漢律における同居の連坐」（『東洋史研究』第七〇巻第一号、二〇一一年、一～三四頁）

劉二〇一二　劉欣寧「秦漢時代の戸籍と個別人身支配——本籍地に関する考察」（『史林』第九五巻第

六号、二〇一二年、一～三四頁）

劉二〇二三　劉聡「秦漢時代における官吏の犯罪——岳麓秦簡「為獄等状四種」案例六に着目して」（『岡山大学大学院社会文化科学研究科紀要』第五五号、二〇二三年、九九～一一八頁）

渡辺一九八六　渡辺信一郎『中国古代社会論』（青木書店、一九八六年）

渡辺一九九四　渡辺信一郎『中国古代国家の思想構造——専制国家とイデオロギー』（校倉書房、一九九四年）

渡邉二〇一〇　渡邉英幸『古代〈中華〉観念の形成』（岩波書店、二〇一〇年）

渡邉二〇一三　渡邉英幸「秦漢交代期における民・夷の帰属と編成」（『歴史研究』第五九号、二〇一三年、二三～五六頁）

渡邉二〇一五　渡邉英幸「里耶秦簡「更名扁書」試釈——統一秦の国制改革と避諱規定」（『古代文化』第六六巻第四号、二〇一五年、四八九～五〇九頁）

渡邉二〇一七　渡邉英幸「戦国秦の国境を越えた人びと——岳麓秦簡『為獄等状』の「邦亡」と「帰義」を中心に」（高村武幸編『周縁領域からみた秦漢帝国』六一書房、二〇一七年、三～二四頁）

【中国語（ピンイン・アルファベット順）】

安・熊二〇〇七　安作璋・熊鉄基『秦漢官制史稿』（斉魯書社、二〇〇七年）

包山一九九一　湖北省荊沙鉄路考古隊編『包山楚簡』（文物出版社、一九九一年）
曹一九九六　曹錦炎『古璽通論』（上海書画出版社、一九九六年）
曹二〇〇九　曹旅寧「岳麓書院新蔵秦簡叢考」（『華東政法大学学報』二〇〇九年第六期、二〇〇九年、九三～一〇二頁）
曹二〇一三A　曹方向「岳麓秦簡《癸・瑣相移謀購案》補釈一則」（簡帛網 http://www.bsm.org.cn/?qinjian/6088.html、二〇一三年九月一八日掲載、二〇二三年五月二三日閲覧）
曹二〇一三B　曹旅寧「《孟子梁恵王上》〝五十歩笑百歩〟与《岳麓秦簡（参）》」（簡帛網 http://www.bsm.org.cn/?qinjian/6111.html、二〇一三年一〇月一四日掲載、二〇二三年七月一七日閲覧）
陳剣二〇一三　陳剣「関於《岳麓簡（参）》的〝燕城〟」（復旦大学出土文献与古文字研究中心網站 http://www.fdgwz.org.cn/Web/Show/2122、二〇一三年九月二五日掲載、二〇二三年八月一三日閲覧）
陳偘理二〇一四　陳偘理「里耶秦方与〝書同文字〟」（『文物』二〇一四年第九期、七六～八一頁）
陳偘理二〇一五A　陳偘理「北京大学蔵秦代傭作文書初釈」（『出土文献研究』第一四輯、二〇一五年、八～一四頁）
陳偘理二〇一五B　陳偘理「睡虎地秦簡《編年記》中〝喜〟的宦歴」（『国学学刊』二〇一五年第四期、四七～五〇頁）
陳斯鵬二〇二〇　陳斯鵬「従秦漢竹簡看〝譜〟的詞義問題」（『語言科学』二〇二〇年第四期、四四五～四

四八頁）

陳松長二〇〇九　陳松長「岳麓書院蔵秦簡綜述」（『文物』二〇〇九年第三期、七五～八八頁）

陳松長二〇一三　陳松長「岳麓秦簡〝為偽私書〟案例及相関問題」（『文物』二〇一三年第五期、二〇一三年、八四～八九頁）

陳松長二〇一八A　陳松長『秦代官制考論』（中西書局、二〇一八年）

陳松長二〇一八B　陳松長主編『岳麓書院蔵秦簡（壹―参）釈文修訂本』（上海辞書出版社、二〇一八年）

陳松長二〇一九　陳松長『岳麓秦簡与秦代法律制度研究』（経済科学出版社、二〇一九年）

陳偉二〇〇九　陳偉「岳麓書院蔵秦簡考校」（『文物』二〇〇九年第一〇期、八五～八七頁）

陳偉二〇一三A　陳偉「〝丞相史如〟与〝丞矰〟」（簡帛網 http://www.bsm.org.cn/?qinjian/6070.html、二〇一三年九月七日掲載、二〇二三年八月二一日閲覧）

陳偉二〇一三B　陳偉「也説〝癸瑣等相移謀購案〟中的〝辟〟」（簡帛網 http://www.bsm.org.cn/?qinjian/6071.html、二〇一三年九月九日掲載、二〇二三年八月二一日閲覧）

陳偉二〇一三C　陳偉「〝盗未有取吏貲灋戍律令〟試解」（簡帛網 http://www.bsm.org.cn/?qinjian/6073.html、二〇一三年九月九日掲載、二〇二三年八月二一日閲覧）

陳偉二〇一三D　陳偉「《岳麓書院蔵秦簡（三）》識小」（簡帛網 http://www.bsm.org.cn/?qinjian/6074.html、二〇一三年九月一〇日掲載、二〇二三年八月二一日閲覧）

陳偉二〇一五A　陳偉「〝廃戍〟与〝女陰〟」（簡帛網 http://www.bsm.org.cn/?qinjian/6414.html、二〇一五年五月三〇日掲載、二〇二三年八月二一日閲覧）

陳偉二〇一五B　陳偉「岳麓秦簡《奏讞書》校読」（『古文字与古代史』第四輯、中央研究院歴史語言研究所、二〇一五年、四九一～五〇九頁）

陳偉二〇一六　陳偉「秦簡牘中的〝皐〟与〝罪〟」（簡帛網 http://www.bsm.org.cn/?qinjian/7421.html、二〇一六年一一月二七日掲載、二〇二一年八月一〇日閲覧）

陳偉二〇一七　陳偉『秦簡牘校読及所見制度考察』（武漢大学出版社、二〇一七年）

陳偉二〇一八　陳偉「《岳麓書院蔵秦簡〔伍〕》校読」（簡帛網 http://www.bsm.org.cn/?qinjian/7735.html、二〇一八年三月九日掲載、二〇二三年八月二一日閲覧）

陳偉武一九九六　陳偉武「簡帛所見軍法輯証」（『簡帛研究』第二輯、法律出版社、一九九六年、八九～一〇一頁）

陳偉武二〇一九　陳偉武「秦漢文字釈読散劄」（『中国文字』総第一期、万巻楼、二〇一九年、一二三～一二七頁）

陳玉璟一九八五　陳玉璟「秦簡詞語札記」（『安徽師大学報〈哲学社会科学版〉』一九八五年第一期、七五～八三頁）

陳治国二〇〇七　陳治国「従里耶秦簡看秦的公文制度」（『中国歴史文物』二〇〇七年第一期、六一～六九頁）

陳・賀二〇一五　陳松長・賀暁朦「秦漢簡牘所見〝走馬〟・〝簪裊〟関係考論」（『中国史研究』二〇一五年第四期、五七～六六頁）

陳・呉二〇一四　陳松長・呉美嬌「岳麓秦簡《芮盗売公列地案》注釈献疑」（『簡帛研究二〇一四』広西師

範大学出版社、二〇一四年、一九三～一九七頁）

陳・温二〇一七　陳松長・温俊萍「論秦律的罪数処罰——以〝岳麓書院蔵秦簡〟為中心」（『簡帛研究二〇一六秋冬巻』広西師範大学出版社、二〇一七年、八〇～八五頁）

陳・張二〇一四　陳松長・張以静「《岳麓書院蔵秦簡（参）》的書手弁析与書体特徴」（『出土文献研究』第一三輯、中西書局、二〇一四年、一四一～一四六頁）

大西二〇一二　大西克也「説〝与〟和〝予〟」（『古文字研究』第二九輯、中華書局、二〇一二年、六四四～六五三頁）

大西二〇一三　大西克也「従里耶秦簡和秦封泥探討〝泰〟字的造字意義」（『簡帛』第八輯、上海古籍出版社、二〇一三年、一三九～一四八頁）

董一九六七　董同龢『上古音韻表稿』（中央研究院歴史語言研究所、一九六七年）

杜一九九〇　杜正勝『編戸斉民』（聯経出版、一九九〇年）

方二〇一三　方勇「読《岳麓書院蔵秦簡（参）》小札一則」（簡帛網 http://www.bsm.org.cn/?qinjian/6145.html、二〇一三年一二月二二日掲載、二〇二三年八月一三日閲覧）

方二〇一四　方勇「読岳麓秦簡（参）札記一則」（簡帛網 http://www.bsm.org.cn/?qinjian/6170.html、二〇一四年二月二一日掲載、二〇二一年一二月一四日閲覧）

方二〇一五　方勇「也談秦簡中的「赶」字」（簡帛網 http://www.bsm.org.cn/?qinjian/6448.html、二〇一五年八月五日掲載、二〇一七年六月三日閲覧）

方・侯二〇〇九　方勇・侯娜「読秦漢簡札記四則」（『古籍整理研究学刊』二〇〇九年第四期、三九～四二

頁）

方・童二〇一〇　方北松・童華「検測報告」（朱漢民・陳松長主編『岳麓書院蔵秦簡（壹）』上海辞書出版社、二〇一〇年、一九七～二〇一頁）

方・蕭二〇一〇　方北松・蕭玉軍「竹簡揭取時原始照片及簡序示意図」（朱漢民・陳松長主編『岳麓書院蔵秦簡（壹）』上海辞書出版社、二〇一〇年、二〇三～二二〇頁）

高二〇〇一　高恒「漢簡中所見挙、劾、案験文書輯釈」（『簡帛研究二〇〇一』広西師範大学出版社、二〇〇一年、二九二～三〇三頁）

高二〇一五　高震寰「試論秦漢簡牘〝守〟〝假〟〝行〟」（『出土文献与法律史研究』第四輯、上海人民出版社、二〇一五年、五八～七九頁）

高二〇一九　高震寰「試論秦律中的「君子」及其在爵制発展史上的意義」（『早期中国史研究』第一一巻、二〇一九年、一～四九頁）

海老根二〇一二　海老根量介「放馬灘秦簡抄写年代蠡測」（『簡帛』第七輯、上海古籍出版社、二〇一二年、一五九～一七〇頁）

后二〇〇九　后暁栄『秦代政区地理』（社会科学文献出版社、二〇〇九年）

后二〇一三　后暁栄『戦国政区地理』（文物出版社、二〇一三年）

胡二〇一二　胡平生「木簡出入取予券書制度考」（『胡平生簡牘文物論稿』中西書局、二〇一二年、五二～六四頁）

胡二〇一五　胡平生「岳麓秦簡（参）《為獄等状四種》題名献疑」（『出土文献研究』第一四輯、中西

書局、二〇一五年、二七～三〇頁）

黄一九九〇　黄今言「漢代軍法論略」（『江西師範大学学報〈哲学社会版〉』一九九〇年第四期、八三～九四頁、一三三頁）

黄二〇一三A　黄傑「岳麓秦簡〝為偽私書〟簡文補釈」（簡帛網 http://www.bsm.org.cn/?qinjian/6039.html、二〇一三年六月一〇日掲載、二〇二三年八月二一日閲覧）

黄二〇一三B　黄傑「岳麓秦簡〝学為偽書案〟再補」（簡帛網 http://www.bsm.org.cn/?qinjian/6079.html、二〇一三年九月一二日掲載、二〇二三年八月二一日閲覧）

黄二〇一三C　黄傑「岳麓秦簡〝学為偽書案〟釈文注釈補正（三）」（簡帛網 http://www.bsm.org.cn/?qinjian/6101.html、二〇一三年一〇月四日掲載、二〇二三年八月二一日閲覧）

黄二〇一五　黄傑「《岳麓書院蔵秦簡（参）》釈文注釈商補」（『簡帛』第一〇輯、上海古籍出版社、二〇一五年、一一五～一二二頁）

黄二〇二一　黄麗梅「《岳麓秦簡》疑難詞考釈八則」（『四川職業技術学院学報』二〇二一年第二期、一三〇～一三四頁）

賈二〇〇九　賈麗英「小議〝隷〟的身分」（『中国社会科学報』二〇〇九年九月一〇日第五版）

賈二〇一五　賈麗英『秦漢家庭法研究』（中国社会科学出版社、二〇一五年）

蔣二〇一七　蔣魯敬「《岳麓書院蔵秦簡（三）》札記」（『楚学論叢』第六輯、湖北人民出版社、二〇一七年、一五～二一頁）

金二〇一九　金鍾希「秦代県廷獄史的職能与特殊性」（『簡帛』第一九輯、上海古籍出版社、二〇一九

年、一四七～一六一頁）

堀一九八八　堀毅『秦漢法制史論攷』（法律出版社、一九八八年）

労二〇一四　労武利（斐乾坤訳）「秦代的司法裁判若干問題研究——以《為獄等状》所載両個案例為対象」（『出土文献与法律史研究』第三輯、上海人民出版社、二〇一四年、一四五～一五九頁）

李一九八一　李学勤「秦簡的古文字学考察」（『雲夢秦簡研究』中華書局、一九八一年、三三六～三四五頁）

李一九八七　李栄「漢字演変的幾個趨勢」（『文字問題』商務印書館、一九八七年、七二～一〇八頁）

李二〇一二　李忠林「秦至漢初（前二四六至前一〇四）暦法研究——以出土暦簡為中心」（『中国史研究』二〇一二年第二期、一七～六〇頁）

李二〇二〇B　李玥凝「秦簡〝君子〟身份再探」（『古文字研究』第三三輯、二〇二〇年、四〇七～四一一頁）

李二〇二〇C　李章星「《岳麓簡（参）》〝綰等畏耎還走案〟与〝五十歩笑百歩〟新解」（『簡帛研究二〇二〇春夏巻』広西師範大学出版社、二〇二〇年、一〇四～一一五頁）

李・華・李二〇二〇　李天虹・華楠・李志芳「胡家草場漢簡《詰咎》篇与睡虎地秦簡《日書・詰》対読」（『文物』二〇二〇年第八期、五三～五九頁）

黎二〇一四　黎明釗「懸泉置漢簡的羌人問題——以《帰義羌人名籍》為中心」（『九州学林』総三四期、二〇一四年、一九～四四頁）

黎・馬二〇〇九　黎明釗・馬増栄「試論漢簡所見的都吏及其与督郵的関係」(『中国出土資料研究』第一三号、二〇〇九年、一〇五～一三〇頁)

劉一九八一　劉海年『雲夢秦簡研究』(中華書局、一九八一年)

劉一九八四　劉海年「秦律刑罰考析」(『中国法学文集』第一輯、法律出版社、一九八四年)

劉二〇〇七　劉欣寧「里耶戸籍簡牘与〝小上造〟再探」(簡帛網 http://www.bsm.org.cn/?qinjian/4961.html、二〇〇七年一一月一六日掲載、二〇二三年九月一五日閲覧)

劉二〇一四　劉敏『秦漢編戸民問題研究——以与吏民、爵制、皇権関係為重点』(中華書局、二〇一四年)

劉二〇一五　劉慶「也論秦漢司法中的〝状〟文書」(『国学学刊』二〇一五年第四期、一一四～一二一頁)

劉二〇一六　劉信芳「岳麓書院蔵簡《奏讞書》釈読的幾個問題」(『考古与文物』二〇一六年第三期、二〇一六年、一一〇～一一一頁)

劉二〇一九　劉欣寧「秦漢律令中的婚姻与奸」(『中央研究院歴史語言研究所集刊』第九〇本第二分、二〇一九年、一九九～二四九頁)

劉・梁一九九〇　劉信芳・梁柱「雲夢龍崗秦簡綜述」(『江漢考古』一九九〇年第三期、七八～八三頁)

呂・陳二〇一三　呂静・陳垠昶「以文書御天下——里耶秦簡所見秦代行政文書制度」(『資料学の方法を探る』第一二号、二〇一三年、四五～六六頁)

欧二〇一四　欧揚「秦到漢初定罪程序称謂的演変——取〝当〟為視角比較《岳麓書院蔵秦簡》(参)

与《奏讞書》」（『出土文献与法律史研究』第三輯、上海人民出版社、二〇一四年、一〇〇～一一六頁）

欧二〇一六　欧揚「読鞫与乞鞫新探」（『湖南大学学報〈社会科学版〉』二〇一六年第四期、一八～二二頁）

彭一九九三　彭浩「談《奏讞書》中的西漢案例」（『文物』一九九三年第八期、三二～三六頁）

彭二〇一二　彭浩「〝将陽〟与〝将陽亡〟」（簡帛網 http://www.bsm.org.cn/?hanjian/5922.html、二〇一二年九月二三日掲載、二〇二三年八月二一日閲覧）

彭・陳・工藤二〇〇七　彭浩・陳偉・工藤元男主編『二年律令与奏讞書——張家山二四七号漢墓出土法律文献釈読』（上海古籍出版社、二〇〇七年）

裘一九八一　裘錫圭「嗇夫初探」（『雲夢秦簡研究』中華書局、一九八一年、二二六～三〇一頁）

裘一九八八　裘錫圭『文字学概要（修訂版）』（商務印書館、一九八八年）

沈二〇一六　沈剛「新出秦簡所見秦代市場与商人探討」（『中国社会経済史研究』二〇一六年第一期、一～八頁）

史二〇一四　史達（Thies Staack）「岳麓秦簡《為獄等状四種》新見的一枚漏簡与案例六的編聯」（『湖南大学学報〈社会科学版〉』二〇一四年第四期、七～一〇頁）

施二〇一六　施謝捷「説岳麓秦簡的人名〝毋沢〟」（『中国文字学報』第七輯、商務印書館、二〇一六年、一二六～一三〇頁）

柿沼二〇二一B　柿沼陽平「秦漢時期的贈予与賄賂」（『簡帛研究二〇二〇秋冬巻』広西師範大学出版社、

二〇二一年、三二六～三五〇頁）

睡虎地一九九〇　睡虎地秦墓竹簡整理小組編『睡虎地秦墓竹簡』（文物出版社、一九九〇年）

水間二〇一二　水間大輔「秦漢県獄吏考」（中国社会科学院考古研究所・河南省文物考古研究所編『漢代城市和聚落考古与漢文化』科学出版社、二〇一二年、四一九～四三〇頁）

水間二〇一四A　水間大輔「岳麓書院蔵秦簡〝尸等捕盗疑購〟案所見逮捕群盗的奨賞規定」（『中国社会経済史研究』二〇一四年第三期、八九～九二頁）

水間二〇一四B　水間大輔「《岳麓簡（参）》所見的共犯処罰」（『華東政法大学学報』二〇一四年第二期、三二～四六頁）

蘇二〇一四A　蘇俊林「岳麓秦簡《為獄等状四種》命名問題探討」（『簡牘学研究』第五輯、甘粛人民出版社、二〇一四年、九～一四頁）

蘇二〇一四B　蘇俊林「秦漢時期的〝状〟類司法文書」（『簡帛』第九輯、上海古籍出版社、二〇一四年、三〇一～三一〇頁）

蘇二〇一九　蘇俊林「岳麓秦簡《暨過誤失坐官案》的議罪与量刑」（『史学月刊』二〇一九年第八期、一六～二五頁）

蘇二〇二〇A　蘇俊林「秦簡牘中〝牒〟字的使用及含義」（『簡帛』第二〇輯、上海古籍出版社、二〇二〇年、一四七～一六八頁）

蘇二〇二〇B　蘇俊林「岳麓秦簡《奏讞文書》的性質与編成」（『簡帛研究二〇一九秋冬巻』広西師範大学出版社、二〇二〇年、一七六～一八七頁）

孫二〇一一　孫沛陽「簡冊背劃線初探」（『出土文献与古文字研究』第四輯、上海古籍出版社、二〇一一年、四四九～四六二頁）

唐二〇一七　唐俊峰「秦漢劾文書格式演変初探」（『中国古代法律文献研究』第一一輯、社会科学文献出版社、二〇一七年、一三一～一五九頁）

譚一九八二　譚其驤主編『中国歴史地図集』第二冊（中国地図出版社、一九八二年）

陶安二〇一三　陶安「《岳麓書院蔵秦簡（参）》校勘記」（復旦大学出土文献与古文字研究中心網站 http://www.fdgwz.org.cn/Web/Show/2098、二〇一三年八月二〇日掲載、二〇二三年七月一七日閲覧）

陶安二〇一四　陶安「《為獄等状四種》標題簡〝奏〟字字解訂正——兼論張家山漢簡《奏讞書》題名問題」（『中国古代法律文献研究』第八輯、社会科学文献出版社、二〇一四年、二一～四八頁）

陶安二〇一五　陶安「《岳麓書院蔵秦簡（参）》校勘記」（『出土文献与古文字研究』第六輯、上海古籍出版社、二〇一五年、五三七～五七四頁）

陶安二〇一六　陶安『岳麓秦簡復原研究』（上海古籍出版社、二〇一六年）

陶安二〇一九A　陶安「岳麓書院秦簡《為獄等状四種》第三類・第四類巻冊釈文・注釈及編連商榷」（『中国出土資料研究』第二三号、二〇一九年、一一七～一四九頁）

陶安二〇一九B　陶安「岳麓秦簡《為獄等状四種》案例五《多小未能与謀案》吏議管窺——秦律未成年刑事責任能力与受刑能力」（『簡帛研究二〇一八秋冬巻』広西師範大学出版社、二〇一九年、一二九～一四一頁）

陶安二〇一九C　陶安「岳麓書院蔵秦簡《為獄等状四種》題名解疑」（『首届中日韓出土簡牘研究国際論壇暨第四届簡帛学的理論与実践学術研討会論文集』二〇一九年、四三五～四四四頁）

陶安二〇二〇A　陶安「岳麓書院秦簡《為獄等状四種》第一類巻冊釈文・注釈及編聯商権」（『出土文献与古文字研究』第九輯、上海古籍出版社、二〇二〇年、二二一～二六五頁）

陶安二〇二〇B　陶安「岳麓書院秦簡《為獄等状四種》第二類巻冊案例八至案例十一釈文・注釈及編聯商権」（『出土文献与古文字研究』第九輯、上海古籍出版社、二〇二〇年、二六六～三〇六頁）

陶安二〇二〇C　陶安「岳麓書院秦簡《為獄等状四種》第二類巻冊案例十二和十三釈文・注釈及編聯商権」（『中国出土資料研究』第二四号、二〇二〇年、一六一～一八四頁）

陶安修訂本　陶安『岳麓秦簡《為獄等状四種》釈文注釈 修訂本』（上海古籍出版社、二〇二一年）

田二〇一四　田炳炳「読《岳麓書院蔵秦簡（参）》劄記一則――〝京州〟地望試探」（簡帛網 http://www.bsm.org.cn/?qinjian/6199.html、二〇一四年五月一九日掲載、二〇二三年八月一二日閲覧）

土口二〇一八　土口史記「秦代的領域控制与官吏移動」（『出土文献的世界――第六届出土文献青年学者論壇論文集』中西書局、二〇一八年、七九～九一頁）

万二〇一五　万栄「秦与漢初刑事訴訟程序中的判決「論」・「当」・「報」」（『簡帛』第一一輯、上海古籍出版社、二〇一五年、一四一～一五二頁）

王二〇一〇　王偉「岳麓書院蔵秦簡所見秦郡名称補正」（『考古与文物』二〇一〇年第五期、九七～一

〇一頁)

王二〇一四A　王偉「読《岳麓書院蔵秦簡（参）》箚記一則」(簡帛網 http://www.bsm.org.cn/?qinjian/6174.html、二〇一四年三月一二日掲載、二〇二三年八月二一日閲覧)

王二〇一四B　王笑「秦漢簡牘中的〝冗〟和〝更〟」(『出土文献与法律史研究』第三輯、上海人民出版社、二〇一四年、一一七〜一二八頁)

王二〇一四C　王子今『秦漢称謂研究』(中国社会科学出版社、二〇一四年、一〇〜三〇頁)

王二〇一八　王彦輝「論秦及漢初身份秩序中的〝庶人〟」(『歴史研究』二〇一八年第四期、一九〜三六頁)

王二〇一九　王勇「従里耶秦簡看秦代地方官吏的法律責任与懲処」(『簡帛研究二〇一九春夏巻』広西師範大学出版社、二〇一九年、九一〜一〇三頁)

王・孫二〇一五　王偉・孫苗苗「岳麓秦簡研読劄記（七則）」(『出土文献研究』第一四輯、中西書局、二〇一五年、六〇〜六九頁)

汪一九九九　汪桂海『漢代官文書制度』(広西教育出版社、一九九九年)

魏二〇〇〇　魏徳勝『《睡虎地秦墓竹簡》語法研究』(首都師範大学出版社、二〇〇〇年)

魏二〇〇三　魏徳勝『《睡虎地秦簡竹簡》詞彙研究』(華夏出版社、二〇〇三年)

温二〇一七　温俊萍「秦〝讞獄〟補疑——以〝岳麓書院蔵秦簡〟為視角」(『上海師範大学学報〈哲学社会科学版〉』二〇一七年第六期、五〇〜五七頁)

鄔二〇一五　鄔勖「秦漢商業用地制度初探——以出土文献為中心」(『江西社会科学』二〇一五年第七

期、一二八～一三三頁）

呉二〇一六　呉雪飛「読秦簡雑識七則」（『簡帛』第一二輯、上海古籍出版社、二〇一六年、一〇五～一一四頁）

蕭・唐二〇一七　蕭燦・唐夢甜「従岳麓秦簡〝芮盗売公列地案〟論秦代市肆建築」（『湖南大学学報〈社会科学版〉』二〇一七年第五期、一四～一九頁）

夏・陳二〇一九　夏増民・陳慧「岳麓書院蔵秦簡〝得之強与棄妻奸案〟的社会性別考察」（『南都学壇〈人文社会科学学報〉』二〇一九年第六期、二〇～二五頁）

邢二〇一一　邢義田『治国安邦――法制、行政与軍事』（中華書局、二〇一一年）

香港簡二〇〇一　陳松長編著『香港中文大学文物館蔵簡牘』（香港中文大学文物館、二〇〇一年）

徐一九九三　徐富昌『睡虎地秦簡研究』（文史哲出版社、一九九三年）

徐一九九七　徐錫祺『西周共和至西漢暦譜』（北京科学技術出版、一九九七年）

徐二〇一四　徐世虹「秦漢律中的職務犯罪――以〝公罪〟為考察対象」（『政法論叢』二〇一四年第六期、四一～四九頁）

楊二〇〇二　楊寛『戦国史料編年輯証』（台湾商務印書館、二〇〇二年）

楊二〇一五A　楊振紅「秦漢「乞鞫」制度補遺」（『出土文献与古文字研究』第六輯、上海古籍出版社、二〇一五年、四九九～五〇九頁）

楊二〇一五B　楊振紅『出土簡牘与秦漢社会（続編）』（広西師範大学出版社、二〇一五年）

億一九九六　億里「秦苑囿雑考」（『中国歴史地理論叢』一九九六年第二期、一〇一～一〇六頁）

鷹取二〇一九　鷹取祐司「秦漢時代的庶人再考――対特定身分説的批評」(『簡帛』第一八輯、上海古籍出版社、二〇一九年、七五〜八九頁)

游二〇一五　游逸飛「従軍区到地方政府――簡牘及金文所見戦国秦之郡制演変」(『台大歴史学報』第五六輯、二〇一五年、一〜三二頁)

兪一九八四　兪偉超『中国古代公社組織的考察』(文物出版社、一九八八年)

岳麓二〇一〇　朱漢民・陳松長主編『岳麓書院蔵秦簡(壹)』(上海辞書出版社、二〇一〇年)

岳麓二〇一一　朱漢民・陳松長主編『岳麓書院蔵秦簡(貳)』(上海辞書出版社、二〇一一年)

岳麓二〇一三　朱漢民・陳松長主編『岳麓書院蔵秦簡(参)』(上海辞書出版社、二〇一三年)

岳麓二〇一五　朱漢民・陳松長主編『岳麓書院蔵秦簡(肆)』(上海辞書出版社、二〇一五年)

岳麓二〇一七　朱漢民・陳松長主編『岳麓書院蔵秦簡(伍)』(上海辞書出版社、二〇一七年)

岳麓二〇二〇　朱漢民・陳松長主編『岳麓書院蔵秦簡(陸)』(上海辞書出版社、二〇二〇年)

岳麓二〇二二　朱漢民・陳松長主編『岳麓書院蔵秦簡(柒)』(上海辞書出版社、二〇二二年)

張建国一九九七　張建国「漢簡『奏讞書』和秦漢刑事訴訟程序初探」(『中外法学』一九九七年第二期、四八〜五七頁)

張伯元二〇〇五　張伯元「〝爵戍〟考」(『出土法律文献研究』商務印書館、二〇〇五年、九三〜一〇一頁)

張伯元二〇一四A　張伯元「〝累論〟与数罪并罰」(『中国古代法律文献研究』第八輯、社会科学文献出版社、二〇一四年)

張伯元二〇一四B　張伯元「読〝癸・瑣相移謀購案〟札記(三則)」(『出土文献与法律史研究』第三輯、上

海人民出版社、二〇一四年、一六〇～一六六頁）

張培瑜二〇〇七　張培瑜「根拠新出暦日簡牘試論秦和漢初的暦法」（『中原文物』二〇〇七年第五期、六二～七七頁）

張俊民二〇一五　張俊民『敦煌懸泉地出土文書研究』（甘粛教育出版社、二〇一五年）

張韶光二〇一五　張韶光「岳麓秦簡（参）〝暨過誤失坐官案〟的法律適用問題」（『黒龍江史志』二〇一五年第五期、一八～一九頁）

張韶光二〇一六　張韶光「秦漢簡牘奏讞文書中〝它県論〟研究」（『咸陽師範学院学報』二〇一六年第三期、二五～三二頁）

張韶光二〇一八　張韶光「従岳麓秦簡〝主市曹臣史〟看秦漢市場管理機構」（『中国社会経済史研究』二〇一八年第四期、六～一七頁）

張楠二〇一八　張楠「説〝微難獄〟」（簡帛網 http://www.bsm.org.cn/?hanjian/7805.html、二〇一八年五月四日掲載、二〇二三年八月二一日閲覧）

張家山二〇〇一　張家山二四七号漢墓竹簡整理小組編『張家山漢墓竹簡〔二四七号墓〕』（文物出版社、二〇〇一年）

張・鐘二〇一四　張岩岩・鐘意「試釈《岳麓書院蔵秦簡（参）》簡一三六〝後妻〟・簡一五八〝大官〟」（簡帛網 http://www.bsm.org.cn/?qinjian/6217.html、二〇一四年六月二六日掲載、二〇二三年八月一三日閲覧）

趙二〇一四　趙岩「秦令佐考」（『魯東大学学報〈哲学社会科学版〉』二〇一四年第一期、六六～七〇頁）

支二〇一七　支強「秦漢律所見〝群盗〟犯罪的構成」（『出土文献与法律史研究』第六輯、法律出版社、二〇一七年、二三四～二四二頁）

周一九五一　周法高「説「亭部」」（『金文零釈』中央研究院歴史語言研究所、一九五一年、一五三～一五七頁）

周二〇一四　周海鋒「《為獄等状四種》中的〝吏議〟与〝邦亡〟」（『湖南大学学報〈社会科学版〉』二〇一四年第四期、一一～一三頁）」

周二〇一五　周波「説楚地出土文献中的〝京州〟与〝京君〟」（『出土文献研究』第一四輯、中西書局、二〇一五年、一五四～一五九頁）

周二〇一九　周海鋒「岳麓書院蔵秦簡《遷吏令》研究」（『簡帛研究二〇一九春夏巻』広西師範大学出版社、二〇一九年、一〇四～一一三頁）

周・路二〇〇〇　周暁陸・路東之編著『秦封泥集』（三秦出版社、二〇〇〇年）

周・李二〇〇九　周振鶴・李暁傑『中国行政区画通史総論・先秦巻』（復旦大学出版社、二〇〇九年）

朱二〇一四　朱徳貴「岳麓秦簡奏讞文書商業問題新証」（『社会科学』二〇一四年第一一期、一五四～一六五頁）

朱二〇一六　朱瀟『岳麓書院蔵秦簡《為獄等状四等種》与秦代法制研究』（中国政法大学出版社、二〇一六年）

朱二〇二〇　朱瀟「〝曁過誤失坐官案〟所見官吏職務犯罪的再探討」（『教育教学論壇』二〇二〇年第二八期、一〇五～一〇八頁）

荘二〇一三A　荘小霞「《岳麓書院蔵秦簡（三）》〝善等去作所案〟之〝楊臺苑〟補説」（簡帛網 http://www.bsm.org.cn/?qinjian/6106.html、二〇一三年一〇月一〇日掲載、二〇二一年八月二九日閲覧）

荘二〇一三B　荘小霞「《岳麓書院蔵秦簡（三）》註釈商榷一則」（簡帛網 http://m.bsm.org.cn/?qinjian/6112.html、二〇一三年一〇月一四日掲載、二〇二一年八月二九日閲覧）

【英文（アルファベット順）】

Hulsewé 1985　Anthony Hulsewé, *Remnants of Ch'in Law, annotated translation of the Ch'in legal and administrative rules of the 3rd century B.C. discovered in Yün-meng prefecture, Hupei province, in 1975* (Leiden: E. J. Brill, 1985)

Lau 2014　Ulrich Lau, "Qin Criminal Case Records of the Collection Wei Yu Deng Zhuang," *Oriens extremus* 53 (2014): 139-192

Lau and Staack 2016　Ulrich Lau and Thies Staack, *Legal Practice in the Formative Stages of the Chinese Empire: An Annotated Translation of the Exemplary Qin Criminal Cases from the Yuelu Academy Collection* (Leiden: Brill, 2016)

Staack 2015　Thies Staack, "Identifying Codicological Sub-units in Bamboo Manuscripts: Verso Lines Revisited," *Manuscript Cultures* 8 (2015) 157-186.

な行

は行

ま行

ら行

た行

さ行

史料・文献索引

あ行

か行

や行

ら行

ま行

な行

は行

た行

さ行

事項索引

あ行

か行

T

W

X

Y

Z

J

L

M～Q

S

や行

わ行

外国人研究者索引

A

B

C

D

F

G

H

さ行

た行

な行

は行

ま行

索引

凡例

1. 本索引は、日本人研究者索引、外国人研究者索引、事項索引、史料・文献索引の４項目よりなる。
2. 本索引の対象は、解題・通釈・校訂文・注釈のみとし、凡例・原文・訓読は含まない。
3. 日本人研究者索引、事項索引、史料・文献索引は五十音順、外国人研究者索引はアルファベット順に配列する。
4. 事項索引では、本文中で旧字体を使用しているものでも原則として、新字体で表記している。
5. 索引は必ずしも網羅的ではなく、訳注者らの判断で適宜、採録箇所を決定する。
6. 陶安あんど、陳松長修訂本のごとく、引用回数がきわめて多いものについては、立項しない。

日本人研究者索引

あ行

か行

編訳注

柿沼陽平《かきぬまようへい》

1980年生まれ。現在、早稲田大学文学学術院教授、長江流域文化研究所所長。博士（文学）。主な著書に、『中国古代貨幣経済史研究』、『中国古代貨幣経済の持続と転換』（ともに汲古書院）、『中国古代の貨幣——お金をめぐる人びとと暮らし』（吉川弘文館）、『劉備と諸葛亮——カネ勘定の『三国志』』（文春新書）、『古代中国の24時間——秦漢時代の衣食住から性愛まで』（中公新書）などがある。

訳注

石原遼平《いしはらりょうへい》

1981年生まれ。現在、名城大学理工学部非常勤講師。博士（文学）。主な著作に、「収の原理と淵源」（東洋文庫中国古代地域史研究編『張家山漢簡『二年律令』の研究』所収）、「漢代更卒輪番労役の各県における不均一と均一化」（『日本秦漢史研究』18）、「秦漢時代の「繇」」（『東洋文化』99）などがある。

海老根量介《えびねりょうすけ》

1984年生まれ。現在、学習院大学文学部准教授。博士（文学）。主な著作に、「上博楚簡『申公臣霊王』と『左伝』の成立について」（『東洋文化研究所紀要』183）、「秦漢の社会と「日書」をとりまく人々」（『東洋史研究』76-2）、「春秋中～後期の申の復国問題について」（『史学雑誌』125-1）などがある。

楯身智志《たてみさとし》

1980年生まれ。現在、帝京大学文学部史学科准教授。博士（文学）。主な著作に、『前漢国家構造の研究』（早稲田大学出版部）、「前漢における戍卒の徴発と「名縣爵里」——爵制の存在意義をめぐって」（『史学雑誌』133-3）、「前漢諸侯王墓よりみた王国支配の実態——満城漢墓と中山靖王劉勝」（『東洋史研究』76-3）などがある。

三浦雄城《みうらゆうき》

1987年生まれ。現在、日本学術振興会特別研究員（PD）。文学博士。主な著作に、「経学から儒学へ——前漢武帝期「儒学の官学化」説の再検討」（『中国——社会と文化』38）、「後漢における天子の位置づけ——「天子爵称」の考察から」（『日本秦漢史研究』23）、「国山碑所見三国江南地域的政治文化」（『魏晋南北朝隋唐史資料』40）などがある。

岳麓書院蔵秦簡「為獄等状四種」訳注 下
——裁判記録からみる戦国末期の秦（全2巻） 東洋文庫919

2024年6月19日 初版第1刷発行

編訳注者 柿 沼 陽 平
発 行 者 下 中 順 平
印 刷 株式会社東京印書館
製 本 大口製本印刷株式会社

発 行 所 〒101-0051 東京都千代田区神田神保町3-29
株式会社 平 凡 社
電話 営業 03-3230-6573 ホームページ https://www.heibonsha.co.jp/

ISBN 978-4-582-80919-0

《東洋文庫の関連書》

- 20 明夷《めいい》待訪録《たいほうろく》〈中国近代思想の萌芽〉 黄宗羲 著 西田太一郎 訳
- 245 清代学術概論〈中国のルネッサンス〉 梁啓超 著 小野和子 訳注
- 460 漢書五行志《かんじょごぎょうし》 班固 撰 冨谷至 吉川忠夫 訳注
- 470 科挙史 宮崎市定 著 礪波護 解説
- 485 東洋文明史論 桑原隲蔵 著 宮崎市定 解説
- 493 古代中国研究 小島祐馬 著 本田濟 解題
- 497 中国神話 聞一多 著 中島みどり 訳注
- 500 中国古代の祭礼と歌謡 M・グラネ 著 内田智雄 訳
- 508 東洋における素朴主義の民族と文明主義の社会 宮崎市定 著 礪波護 解説
- 515 魏書釈老志《ぎしょしゃくろうし》 魏収 撰 塚本善隆 訳注 竺沙雅章 解説
- 518 詩経国風《しきょうこくふう》 白川静 訳注
- 557 559 支那史学史 全二巻 内藤湖南 著 吉川忠夫 解説
- 635 636 詩経雅頌《しきょうがしょう》 全二巻 白川静 訳注
- 686 688 689 列女伝 全三巻 劉向 著 中島みどり 訳注
- 754 755 制度通 全二巻 伊藤東涯 著 礪波護 森華 校訂
- 839 899 明史選挙志〈明代の学校・科挙・任官制度〉 全二巻 井上進 酒井恵子 訳注
- 841 850 854 858 論語集注《ろんごしっちゅう》 全四巻 朱熹 著 土田健次郎 訳注
- 843 845 847 849 851 世《せ》説新語《せつしんご》 全五巻 劉義慶 撰 井波律子 訳注
- 873 呉越春秋〈呉越興亡の歴史物語〉 趙曄 著 佐藤武敏 訳注
- 887 古代中国の社《しゃ》〈土地神信仰成立史〉 E・シャヴァンヌ 著 菊地章太 訳注
- 893 894 大清律《だいしんりつ》・刑律《けいりつ》〈伝統中国の法的思考〉 全二巻 谷井俊仁 谷井陽子 訳解
- 905 906 胡《こ》適文選《てきぶんせん》 全二巻 胡適 著 佐藤公彦 訳
- 908 羅《ら》振玉自伝《しんぎょくじでん》〈集蓼編その他〉 羅振玉 著 深澤一幸 訳注